农村金融创新团队系列丛书

宁夏平罗农村土地产权抵押融资模式研究

黎 毅 著

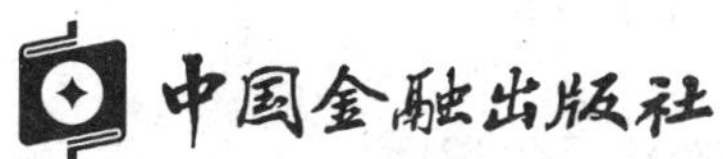

责任编辑：张怡姮
责任校对：刘　明
责任印制：丁淮宾

图书在版编目（CIP）数据

宁夏平罗农村土地产权抵押融资模式研究（Ningxia Pingluo Nongcun Tudi Chanquan Diya Rongzi Moshi Yanjiu）/黎毅著．—北京：中国金融出版社，2016.11
（农村金融创新团队系列丛书）
ISBN 978-7-5049-8653-5

Ⅰ．①宁…　Ⅱ．①黎…　Ⅲ．①农村—土地产权—抵押贷款—研究—平罗县　Ⅳ．①F832.43

中国版本图书馆 CIP 数据核字（2016）第 187985 号

出版发行　中国金融出版社
社址　北京市丰台区益泽路 2 号
市场开发部　（010）63266347，63805472，63439533（传真）
网 上 书 店　http://www.chinafph.com
（010）63286832，63365686（传真）
读者服务部　（010）66070833，62568380
邮编　100071
经销　新华书店
印刷　北京市松源印刷有限公司
尺寸　169 毫米×239 毫米
印张　12.25
字数　196 千
版次　2016 年 11 月第 1 版
印次　2016 年 11 月第 1 次印刷
定价　38.00 元
ISBN 978-7-5049-8653-5/F.8213
如出现印装错误本社负责调换　联系电话（010）63263947

农村金融创新团队系列丛书
编委会

序言一

农村金融是农村经济发展的“润滑剂”，农村金融市场是农村市场体系的核心。党和国家历来重视农村金融发展，党的十八届三中全会明确提出了扩大金融业对内对外开放，在加强监管的前提下，允许具备条件的民间资本依法发起设立中小型银行等金融机构，进一步发展普惠金融，鼓励金融创新，丰富农村金融市场层次和产品，同时赋予农民对承包地占有、使用、收益、流转及承包经营权抵押、担保权能，为下一步农村金融改革指明了方向。2004—2014 年连续 11 个中央“一号文件”从不同角度提出了加快农村金融改革、完善农村金融服务、推动农村金融制度创新，这些农村金融改革创新的政策、决定对建立现代农村金融市场体系、完善农村金融服务、提升农村金融市场效率起到了积极的推动作用。但是，当前农村金融发展现状距离发展现代农业、建设社会主义新农村和全面建成小康社会的目标要求仍有较大差距，突出表现在：农村金融有效供给不足且资金外流严重、农村金融需求抑制、市场竞争不充分、市场效率低下、担保抵押物缺乏等，农村金融无法有效满足当前农村发展、农业增产和农民增收的现实需要。进一步推动农村金融改革、缓解农村金融抑制、加快农村金融深化、鼓励农村金融创新以及提升农村金融服务效率，任重道远。

根据世界各国经济发展的经验，在城市化进程中，伴随着各类生产要素不断向城市和非农产业的流动，农村和农业必然会发生深刻的变化。改革开放以来，中国经济取得了举世瞩目的成就，农村经济体制改革极大地调动了亿万农民的积极性，经济活力显著增强。经济快速发展的同时，城乡发展不平衡、城乡收入差距扩大、农村经济落后等问题也日渐凸显，“三农”问题则是对这些突出矛盾的集中概括。“三农”问题事关国家的发展、安全、稳定和综合国力的提升，历来是党和政府工作的重中之重。金融是现代经济的核心，农村金融发展对农村经济发展至关重要，解决“三农”问题离不开农村金融支持。由于中国农村金融不合理的制度安排，农村金融抑制现象严重，农村金融与农村经济并未形成互动共生、协调发展的局面，农村金融资源配置功能并未真正得到发挥，滞后的农村金融在一定程度上抑制了农村经济的发展。

1978 年改革开放至今，农村金融改革的步伐不断加快，经历了农村金融市场组织的多元化和竞争状态的初步形成、分工协作的农村金融体系框架构建、农村信用社主体地位的形成，以及探索试点开放农村金融市场的增量改革四个阶段。农村金融改革取得初步成效，多层次、多元化、广覆盖的农村金融体系基本形成，农村金融供求矛盾逐步缓解，农村金融服务水平显著提高，农村金融机构的经营效率明显提升，农村信用环境得到有效改善。然而，农村金融仍然是农村经济体系中最为薄弱的环节，资金约束仍然是制约现代农业发展和新农村建设的主要的“瓶颈”。在统筹城乡发展、加快建设社会主义新农村以及推进现代农业发展的大背景下，农村金融如何适应农村及农业环境的快速变化、如何形成“多层次、广覆盖、可持续”的农村金融体系、如何破解农村“抵押难、担保难、贷款难”的困境，推动农村金融更好地为农村经济发展服务，让改革的红利惠及 6.5 亿农民，依然是需要研究和解决的重大课题。

可喜的是，在西北农林科技大学，以罗剑朝教授为带头人的科研创新团队，2011 年 12 月以“西部地区农村金融市场配置效率、供求均衡与产权抵押融资模式研究”为主攻方向，申报并获批教育部“长江学者和创新团队发展计划”创新团队项目（项目编号：IRT1176）。近 3 年来，该团队紧紧围绕农村金融这一主题，对农村金融领域的相关问题进行长期、深入调查和分析，先后奔赴陕西、宁夏等地开展实地调研 10 余次，实地调查农户 5 000 余户、涉农企业 500 余家，走访各类农村金融机构 50 余家，获得了大量的实地调研数据和第一手材料。同时，还与中国人民银行西安分行、中国人民银行宁夏分行、陕西农村信用社联合社、杨凌示范区金融工作办公室、杨凌示范区农村商业银行、高陵县农村产权交易中心等机构签订了合作协议，目前已拥有杨凌、高陵和宁夏同心、平罗 4 个农村金融研究固定观察点。针对调查数据和资料，该团队对西部地区农村金融问题展开了系统深入的研究，通过对西部地区农村金融市场开放度与配置效率评价、金融市场供求均衡、农村产权抵押融资试验模式等的研究，提出以农村产权抵押融资、产业链融资为突破口的农村金融工具与金融模式的创新方案，进而形成“可复制、易推广、广覆盖”的现代农村金融体系，能够为提高农村金融市场配置效率及农村金融改革政策的制定和实施提供依据。本项目调查研究取得了比较丰硕的科研成果，其中一部分纳入本套系列丛书以专著的形式出版。虽然其中的部分观点可能还有待探讨和商榷，但作者敏锐的观察视角、务实的研究作风、扎实的逻辑推导、可靠的数据基础，使得研究成果极具原创性和启发性，这些成果的出版，必然会对深刻认识农村金融现实、把握农村金融的运作规律提供有益的参考和借鉴。

实现全面建成小康社会的宏伟目标，最繁重、最艰巨的任务在农村。要解决农村发展问题，需要一大批学者投入到农村问题的研究当中，以“忧劳兴国”的精神深入农村，深刻观察和认识农村，以创新的思维发现和分析农村经济发展中的问题，把握农村经济发展的规律，揭示农业、农村、农民问题的真谛，以扎实的研究结论为决策部门提供参考，积极推动农村经济又好又快地发展，以不辱时代赋予的历史使命。

我相信，此套农村金融创新团队系列丛书的出版，对于完善西部地区农村金融体系、提高西部地区农村金融市场配置效率，推动西部地区农村经济社会发展具有重要意义。同时我也期待此套丛书的出版，能够引起相关政策的制定者、研究者和实践者对西部地区农村金融及农村金融改革问题的关注、积极参与和探索，共同推进西部地区农村金融改革的创新和金融市场配置效率的提高。

是为序。

中央财经领导小组办公室副主任、研究员 韩俊

二〇一五年三月二十六日

序言二

金融是现代经济的核心，农村金融是现代金融体系的重要组成部分，是中国农业现代化的关键。2015 年，我国人均国民生产总值（GDP）已超过 4 000 美元，总量超过日本，成为世界第二大经济体。如何在新的发展阶段特别是在工业化、信息化、城镇化深入发展中同步推进农业现代化，构建起由市场配置各种要素、公共资源均衡覆盖、经济社会协调发展的新型工农关系、城乡关系，破解推进农业现代化的金融难题和资金“瓶颈”，是实现“中国梦”绕不过去的难题。

改革开放以来，党中央、国务院先后制定并出台了一系列促进农业和农村发展的政策与文件，在农村金融领域进行了深入地探索，特别是党的十八大、十八届三中全会提出“完善金融市场体系”、“发展普惠金融”、“赋予农民对承包地占有、使用、收益、流转及承包经营权抵押、担保权能”，农村金融产品与服务方式创新变化，农户和农村中小企业金融满足度逐步提高，农村金融引领和推动农村经济社会发展的新格局正在形成。但是，客观地说，农村信贷约束，资金外流，农村金融供给与需求不相适应、不匹配等问题依然存在，高效率的农村资本形成机制还没有形成，农村金融与农村经济良性互动发展的新机制尚待建立，农村金融依然是我国经济社会发展的一块短板，主要表现在以下几个方面：

1. 金融需求不满足与资金外流并存。据调查，农户从正规金融机构获得的信贷服务占 30% 左右，农村中小企业贷款满足度不到 10%。同时，在中西部地区，县域金融机构存贷差较大，资金外流估计在 15% ~20%。农村资金并未得到有效利用，农村金融促进储蓄有效转化为投资的内生机制并没有形成。

2. 农村金融需求具有层次性、差异性与动态性，不同类型农户和中小企业金融需求存在不同，多层次的农村金融机构与农村金融需求主体供求对接的有效机制尚待形成。农户资金需求具有生产性、生活性并重且以生活性为主的特点，农村中小企业多属小规模民营企业，对小额信贷需求强烈，加之都没有符合金融机构要求的抵（质）押品，正规金融服务“断层”现象依然存在。

3. 农村金融市场供求结构性矛盾突出，市场垄断、过度竞争与供给不足同时并存。从供给角度看，农村金融的供给主体以农业银行、农村信用社、邮储银行等正规金融为主，其基本特征是资金的机会成本较高、管理规范，要求的担保条件比较严格；从需求的角度看，农村金融需求主体的收入、资产水平较低，借贷所能产生的利润水平不高，且其金融交易的信息不足。尽管存在着借款意愿和贷款供给，但供求双方的交易却很难达成，金融交易水平较低。因此，要消除这种结构性供求失衡，就要充分考虑不同供给与需求主体的特点及他们之间达成交易的可能性，采取更加积极的宏观政策与规范，建立多层次、全方位、高效率、供求均衡的现代农村金融体系。

必须改变用城市金融推动农村金融的理念和做法，以及单方面强调金融机构的调整、重组和监管的政策，从全方位满足“三农”金融需求和充分发挥农村金融功能的视角，建立农村金融供求均衡的、竞争与合作有效耦合的现代农村金融体系。按照农村金融供求均衡理念，对农村金融机构服务“三农”和农村中小企业做适当市场细分，实现四个“有效对接”，推进农村金融均衡发展。

第一，实现正规金融供给与农业产业化龙头企业金融需求的有效对接。由于农村正规金融机构的商业信贷供给与农业产业化龙头企业的金融需求相适应，正规金融机构的商业信贷交易费用较高，交易规模较大，客户不能过于分散，担保条件要求严格，而龙头企业在很大程度上已参与到了城市经济的市场分工中，在利润水平及担保资格都能够符合正规金融机构要求的情况下，有些企业甚至能够得到政府的隐性担保，加之建立有相对完善的会计信息系统，能够提供其经营状况的财务信息，信贷信息不对称现象也能有所缓解，因此，二者具有相互对接的可行性。尽管农村正规金融发展存在诸多问题，但从其本身特点以及龙头企业发展角度看，实现正规金融供给与龙头企业金融需求对接具有必然性。所以，中国农业银行应定位为农村高端商业银行，在坚持商业化经营的前提下，加大对农业产业化龙头企业的支持力度，主要满足大规模的资金需求。通过政策引导，把农业银行在农村吸收的存款拿出一定比例用于农业信贷，把农业银行办成全面支持农业和农村经济发展的综合性银行。

第二，实现正规中小金融机构的信贷供给与市场型农户、乡镇企业、中小型民营企业金融需求的有效对接。由于正规中小型金融机构的小额信贷与市场型农户、乡镇企业、中小型民营企业的金融需求相适应，市场型农户、乡镇企业、中小型民营企业的金融需求主要用于扩大再生产，所需要的资金数额相对较大，借贷风险较大，不易从非正规金融机构获得贷款；由于其自身资产水平存在的有限性，它们不能像龙头企业那样，从正规金融机构获得商业贷款。而正规中小型金融机构，尤其是农村商业银行、农村合作银行、村镇银行等，相对于大银行，在成本控制上存在较大优势，而且较易了解市场型农户、乡镇企业、中小型民营企业的生产经营状况，可根据其还款的信誉状况来控制贷款额度，降低金融风险；中小型金融机构倾向于通过市场交易过程，发放面向中小企业的贷款，按市场利率取得更高收益，市场型农户、乡镇企业、中小型民营企业是以市场为导向的，接受市场利率，也倾向于通过市场交易过程获得贷款，二者之间交易易于达成。另外，正规中小金融机构具有一定优势：其资金“取之当地、用之当地”；员工是融入社区生活的成员，熟悉本地客户；组织架构灵活简单，能有效解决信息不对称问题；贷款方式以“零售”为主，成本低廉、创新速度快；决策灵活，能更好地提供金融服务，二者之间实现金融交易对接具有必然性。目前，农村正规中小型金融机构发展较为迅速，应继续鼓励和引导农村商业银行、农村合作银行、村镇银行发展，构建起民营的、独资的、合伙的、外资的正规中小型金融机构，大力开展涉农金融业务。

第三，实现正规金融、非正规金融机构的小额信贷供给与温饱型农户金融需求的有效对接。农村小额信贷，主要指农村信用合作社等正规金融机构、非正规金融机构提供的农户小额信贷，是以农户的信誉状况为根据，在核定的期限内向农户发放的无抵押或少抵押担保的贷款。正规金融机构、非正规金融机构的小额信贷供给与温饱型农户金融需求相适应，它们之间的交易对接具有充分的可行性。目前，温饱型农户占整个农户的40%～50%，他们的借贷需求并不高，还贷能力较强，二者之间的信贷交易易于达成。农信社和其他非正规金融机构的比较优势决定其生存空间在农村，从国外银行业的发展情况看，即使服务于弱势群体，也有盈利和发展空间。农信社应牢固树立服务“三农”的宗旨，通过建立良好的公司治理机制、科学的内部激励机制，切实发挥农村金融主力军作用；适应农村温饱型农户金融需求的特点，建立和完善以信用为基础的信贷交易机制，提高农户贷款覆盖面；通过农户小额信贷、联户贷款等方式，不断增加对温饱型农户的信贷支持力度。当前，农户小额信贷存在的问题主要有：资金缺口大、贷款使用方向单一、贷款期限无法适应农业生产周期的需要、小额信贷额度低等。针对这些问题，应采取措施逐步扩大无抵押贷款和联保贷款业务；尝试打破农户小额信贷期限管理的限制，合理确定贷款期限；尝试分等级确定农户的授信额度，适当提高贷款额；拓展农信社小额信贷的领域，由单纯的农业生产扩大到农户的生产、生活、消费、养殖、加工、运输、助学等方面，扩大到农村工业、建筑业、餐饮业、娱乐业等领域。

第四，实现非正规金融机构的小额信贷与温饱型、贫困型农户金融需求的有效对接。民间自由借贷的机会成本相对较低，加上共有的社区信息、共同的价值观、生产交易等社会关系，且可接受的担保物品种类灵活，甚至担保品市场价值不高也能够较好地制约违约，与温饱型、贫困型农户信贷交易易于达成，实现二者之间的有效对接具有必然性。发达地区的非正规金融，其交易规模较大、参与者组织化程度较高，以专业放贷组织和广大民营企业为主，交易方式规范，具备良好的契约信用，对这类非正规金融可予以合法化，使其交易、信用关系及产权形式等非正式制度得到法律的认可和保护，并使其成为农村金融市场的重要参与者和竞争者；欠发达地区的非正规金融，其规模较小，参与者大多是分散的温饱型、贫困型农户，资金主要用于农户生产和生活需要，对此类非正规金融应给予鼓励和合理引导，防止其转化成“高利贷”。同时，积极发展小规模的资金互助组织，通过社员入股方式把资金集中起来实行互助，可以有效解决农民短期融资困难。应鼓励和允许条件成熟的地方通过吸引民间资本、社会资本、外资发展民间借贷，使其在法律框架内开展小额信贷金融服务。

总之，由于商业金融在很大程度上不能完全适应农村发展的实际需求，上述市场细分和四个“有效对接”在不同地区可实现不同形式组合，不同对接之间也可实现适当组合，哪种对接多一点、哪种对接少一点，可根据情况区别对待，其判断标准是以金融资本效率为先，有效率的“有效对接”就优先发展。

为了实现以上四个“有效对接”，还必须采取以下配套政策：一是建立新型农村贷款抵押担保机制，分担农业信贷风险。在全面总结农户联保、小组担保、担保公司代为担保等成功经验的基础上，积极探索农村土地使用权抵押担保、农业生物资产（包括农作物收获权、动物活体等）、农业知识产权和专利、大型农业设施、设备抵押担保等新型农村贷款抵押担保方式，降低农贷抵押担保限制性门槛，鼓励引导商业担保机构开展农村抵押担保业务。二是深化政策性金融改革，引导农业发展银行将更多资金投向农村基础设施领域。通过发行农业金融债券、建立农业发展基金、进行境外融资等途径，拓展农业发展银行资金来源，统一国家支农资金的管理，增加农业政策性贷款种类，把农业政策性金融机构办成真正的服务农村基础设施等公共物品、准公共物品投融资的银行。三是建立政府主导的政策性农业保险制度。运用政府和市场相结合的方式，制定统一的农业保险制度框架，允许各种符合资格的保险机构在总框架中经营农业保险和再保险业务，并给予适当财政补贴和税收优惠。四是加强农村金融立法，完善农村金融法律和监管制度。目前，农村金融发展法律体系滞后，亟须加以完善。建议在《中华人民共和国公司法》、《中华人民共和国商业银行法》中增加农村金融准入条款，制定《民间借贷法》，将暗流涌动的农村民间金融纳入法制化轨道。适当修改《中华人民共和国银行业监督管理法》，鼓励农村金融机构充分竞争，防范农村金融风险；以法律形式明晰农业银行支农责任，督促其履行法定义务，确认其正当要求权；明确农业发展银行开展商业性金融业务范围，拓展农村基础设施业务，以法律形式分别规制其商业性、政策性业务，对政策性业务进行补贴；限制邮储银行高昂的利率浮动，加强对其利率执行情况的监督、检查力度。制定《金融机构破产法》，建立农村金融市场退出机制，形成公平、公正的农村金融市场竞争环境。制定《农村合作金融法》，规范农村合作金融机构性质、治理结构、监管办法，促进农村信用社等农村合作金融机构规范运行。

教育部2011年度“长江学者和创新团队发展计划”
创新团队项目（IRT1176）带头人
西北农林科技大学经管学院教授、博士生导师
西北农林科技大学农村金融研究所所长

二〇一五年三月二十八日

目 录

第一章 ◎导论/1

第二章 ◎农村土地产权抵押融资模式理论基础/27

第六章 ◎宁夏平罗农村土地产权抵押融资模式运行效果评价/113

第七章 ◎宁夏平罗农村土地产权抵押融资模式优化/126

第一章 导 论

长期以来，“三农”问题始终是制约我国农村经济发展过程中的难题，我国作为世界上最大的发展中国家，人多地少、资源稀缺等国情引起农村地区农业资金投入严重不足、土地细碎化经营和技术管理缺乏创新等众多问题，严重制约了我国农村经济发展。同时特殊的二元社会经济结构所引起的农村土地产权不明晰，农民无法通过土地资本化来解决农村抵押难、融资难和担保难问题则进一步加剧了农村经济发展困境，这在经济发展较为落后的西部地区显得尤为突出。目前关于农村土地产权是否能够用于抵押一直是理论界和实践部门关注的重点问题，作为农村金融市场的重要组成部分，农地金融相关业务的开展对农村经济的发展至关重要。基于这一背景，本章选择目前最为典型的宁夏平罗农村土地产权抵押融资模式为研究对象，并进一步阐述研究对象的目的、意义、国内外研究现状、研究所开展的思路和方法以及论文的可能创新之处。

1.1 研究背景

1.1.1 现实背景

1.1.1.1 农村资金大量外流，抵押难、融资难现象普遍

近年来农村经济快速发展，农业产业结构调整步伐逐渐加快，大量农业剩余人口已经开始向非农领域转移。广大农户已不仅局限于从事农业生产，外出打工及自营工商业等简单劳务活动的兼业农户类型增多并逐渐形成主要群体，他们对生产资金的需求比单纯的小农经济更加旺盛。农村金融供求失衡已经成为制约我国农业与农村发展的重要障碍，当前的正规金融制度体系与农村生产经营制度的不适应性，造成了农村经济发展缺乏有效资金支持。长期以来农村资金的贷款远远低于农村资金的储蓄，农村资金通过不同渠道大规模流出，导致了我国农村金融缺口呈现持续扩大的趋势。2000 年农村贷款为 6 549.70 亿元，农村储蓄存款

（主要包括农村商业银行和农村信用合作社吸收的储蓄存款）为12 355.30亿元，农村存贷款差额达到5 805.6亿元（曾庆芬，2011）；2013年农村贷款为85 778.29亿元，农村储蓄存款为106 287.12亿元，农村存贷差额达到20 508.83亿元，差额增长幅度已达到253.25%。农村资金的大量外流，势必不利于资金流入农村和增加农村资金投入，它会进一步增加农村经济主体（农户和中小企业）获得贷款的难度。作为市场供给方的正规金融机构，出于利润最大化和成本最小化的角度考虑，不断撤并农村地区的机构网点，这更加难以有效满足农村经济主体的融资需求。民间金融由于自身合法性的制约问题还未形成有效的资金需求补充，造成农村抵押难、融资难、担保难的现象非常普遍，这对于资金需求非常旺盛的现代农业和农村发展是一种极大的制约。为解决农村资金供求矛盾问题，通过发挥农村土地的融资功能满足农业生产资金的多层次需求，开展农村土地产权抵押融资势在必行。农村土地产权抵押融资推广也必将进一步盘活土地资产，提高农村土地要素的优化配置与高效利用，达到最终促进农村经济繁荣与发展的目的。

1.1.1.2 国家政策大力支持农村土地产权抵押融资

2004年以来连续的中央"一号文件"提出要"稳定农村土地承包关系"、"建立健全土地承包经营权流转市场"、"创新符合农村特点的抵(质)押担保方式和融资工具"，2014年首次提出农村土地所有权、承包权和经营权"三权"分离的概念，在农村土地由"两权"向"三权"分离的基础上，赋予了农户可以使用承包土地的经营权向金融机构进行抵押融资的担保权能，这使得国家政策层面承认了农地抵押的合法性。朱道林等（2014）根据2014年6月调查数据分析指出全国流转耕地面积约3.8亿亩，占全部承包地的28.8%，其中出租和转包方式（非自耕农方式）占78.6%，完全转让承包权方式的占6%，再次转让方式的占3.2%，经营权不在承包者手里的这种现象占比大概涉及26%左右的农户，说明当前农村土地所有权、承包权和经营权"三权"分离现象是一种非常普遍的状态。2015年则指出要进一步推进农村金融体制改革，做好承包土地的经营权和农民住房财产权抵押担保贷款试点工作（见表1－1）。

表1-1　2004—2015年中央"一号文件"有关农村土地与金融政策内容

政策名称	政策内容
2004年《关于促进农民增加收入若干政策的意见》	落实最严格的耕地保护制度，按照保障农民权益、控制征地规模的原则，积极探索集体非农建设用地进入市场的途径和办法；改革和创新农村金融体制，明确县域内各金融机构为"三农"服务的义务，探索实行动产抵押、仓单质押、权益质押等担保形式
2005年《关于进一步加强农村工作提高农业综合生产能力若干政策的意见》	全面检查土地二轮承包政策落实情况，妥善处理土地承包纠纷，维护农民合法权益。尊重和保障农户拥有承包地和从事农业生产的权利，并在自愿、有偿的前提下依法进行承包经营权流转和发展适度规模经营；构建功能完善、分工合理的农村金融体系，培育竞争性的农村金融市场，在有效防范金融风险的前提下启动农村新型所有制金融机构的试点工作
2006年《关于推进社会主义新农村建设的若干意见》	稳定和完善以家庭承包经营为基础、统分结合的双层经营体制，健全土地承包经营权流转机制；稳步推进农业政策性保险试点工作，加快发展农业保险，解决农户和农村中小企业贷款抵押担保难问题
2007年《关于积极发展现代农业扎实推进社会主义新农村建设的若干意见》	坚持农村基本经营制度，稳定土地承包关系，规范土地承包经营权流转，切实防止破坏耕作层的农业生产行为；制定农村金融整体改革方案，形成组织互补、功能齐备的农村金融体系，探索建立多种形式的担保机制，引导金融机构增加对"三农"的信贷投放
2008年《关于切实加强农业基础建设》	切实稳定农村土地承包关系，认真开展延包后续完善工作，加快建立土地承包经营权登记制度，确保农村土地承包经营权证到户；推进农村担保方式创新，扩大有效抵押品范围，探索建立政府支持、企业和银行多方参与的农村信贷担保机制
2009年《关于促进农业稳定发展农民持续增收的若干意见》	强化对土地承包经营权的物权保护，做好集体土地所有权确权登记颁证工作，稳步开展土地承包经营权登记试点，建立健全土地承包经营权流转市场，尊重农民的土地流转主体地位；鼓励和支持金融机构创新农村金融产品和金融服务，依法开展权属清晰、风险可控使用权等抵押贷款以及权利质押贷款
2010年《关于加大统筹城乡发展力度进一步夯实农业农村发展基础的若干意见》	做好土地承包管理工作，扩大农村土地承包经营权登记试点范围，加快农村集体土地所有权、宅基地使用权、集体建设用地使用权等确权登记颁证工作；提高农村金融服务质量和水平，积极推广农村小额信用贷款

续表

政策名称	政策内容
2012 年《关于加快推进农业科技创新持续增强农产品供给保障能力的若干意见》	稳定和完善农村土地政策，基本完成覆盖农村集体各类土地的所有权确权登记颁证，健全土地承包经营纠纷调解仲裁制度；加大农村金融政策支持力度，持续增加农村信贷投入，适当提高涉农贷款风险容忍度，继续发展农户小额信贷业务
2013 年《关于加快发展现代农业进一步增强农村发展活力的若干意见》	引导农村土地承包经营权有序流转，鼓励和支持多种形式的土地适度规模经营；改善农村金融服务，加强涉农信贷与保险协作配合，创新符合农村特点的抵（质）押担保方式和融资工具，建立多层次、多形式的农业信用担保体系
2014 年《关于全面深化农村改革加快推进农业现代化的若干意见》	在落实农村土地集体所有权的基础上，稳定农户承包权、放活土地经营权，允许承包土地的经营权向金融机构抵押融资，引导和规范农村集体经营性建设用地入市，慎重稳妥推进农民住房财产权抵押；强化金融机构服务“三农”职责，培育发展农村合作金融，不断丰富农村地区金融机构类型
2015 年《关于加大改革创新力度加快农业现代化建设的若干意见》	分类实施农村土地征收、集体经营性建设用地入市、宅基地制度改革试点，扩大推进试点范围；鼓励开展“三农”融资担保业务，大力发展政府支持的“三农”融资担保和再担保机构，完善银担合作机制

资源来源：新华网财经频道 http：//www. xinhuanet. com/，其中 2011 年是关于水利改革，故未列出。

党的十七届三中全会《决定》中指出“要稳定和完善农村基本经营制度，赋予农民更加充分而有保障的土地承包经营权，通过建立健全土地承包经营权流转市场，按照依法、自愿、有偿原则，允许农民以转包、出租、转让、股份合作等形式流转土地承包经营权”。党的十八届三中全会《决定》中更是指出“赋予农民对承包地占有、使用、收益、流转及承包经营权抵押、担保功能，允许农民以承包经营权入股发展农业产业化经营。鼓励承包经营权在公开市场中的专业大户、家庭农场、农民合作社、农业企业间流转、发展多种形式规模经营”。在上一届明晰农村土地产权的基础上赋予了农户更多对土地的处置权，特别是对农户承包土地的抵押融资功能。这样在稳定承包关系的前提下，通过市场化机制依法促进农村土地流转，实现土地资源优化配置使之集约化，使得农村土地价值更大程度地实现，促进了农村剩余劳动力的转移，拓宽了农民增收的渠道，从而进一步盘活农村生产要素，推动要素生产力升级。

通过对相关政策的解读表明农地金融只要在确保土地公有制性质不改变、耕地红线不突破、农民利益不受损的基准前提下，国家允许农地抵押的合法性，这就为农村土地产权抵押融资试点运行提供了最为基础的条件。在相关政策的公布下，全国大部分地区都进行农村土地产权抵押试点工作，并形成了具有各自特点的农村土地产权抵押融资模式，试点情况运行普遍良好。

1.1.1.3　宁夏平罗经济良好为农村土地产权抵押融资提供基础条件

平罗县位于宁夏银川平原北部，青铜峡引黄灌区下游，是石嘴山市所辖唯一的建制县。东与内蒙古鄂托克前旗相邻，西以贺兰山分水岭为界与内蒙古阿拉善左旗接壤，南与银川市贺兰县比邻，北与石嘴山市惠农区相连。2011 年底平罗被国家农业部确定为全国 24 个农村改革试验区之一，主要承担农村土地承包经营管理制度改革实验任务，当地通过农村土地产权制度改革，建立土地流转规范化机制，探索开展农村集体三资股份制管理、农村“三权”自愿有偿转让和农民土地产权抵押贷款试点工作。由于土地对广大农户所承载的社会保障功能是制约农村土地产权抵押融资开展的主要因素，经济发展较好的地区对土地社会保障功能的弱化可以有效克服这一障碍，从而更加有利于农村土地产权抵押融资推广（黎翠梅，2008），图 1－1 所示，近年来平罗地区经济发展迅速，2005 年生产总值为 26. 2691 亿元，2014 年已经达到 132. 9421 亿元，增加了 4. 06 倍，平均增长率达到 20. 15%，明显高于宁夏全区经济的 17. 61%，从数据分析来看平罗经济发展水平在整个宁夏地区处于靠前位置。

另外从图 1－2 中三大产业对地区生产总值的贡献度对比趋势来看，平罗地区 2005 年第一产业生产总值是 6. 0062 亿元，占当年生产总值的 22. 86%，第二、第三产业生产总值为 20. 2628 亿元，占当年生产总值的 77. 14%；2014 年第一产业生产总值是 16. 9102 亿元，占当年生产总值的 12. 72%，而第二、第三产业生产总值为 116. 0318 亿元，占当年生产总值的 87. 28%。近十年来第一产业生产总值降低了 10 个百分点，第一产业对当地经济发展的贡献作用明显减弱，这说明当地经济发展主要以第二、第三产业为主，特别是当地丰富的矿产资源和旅游资源给平罗经济带来迅速

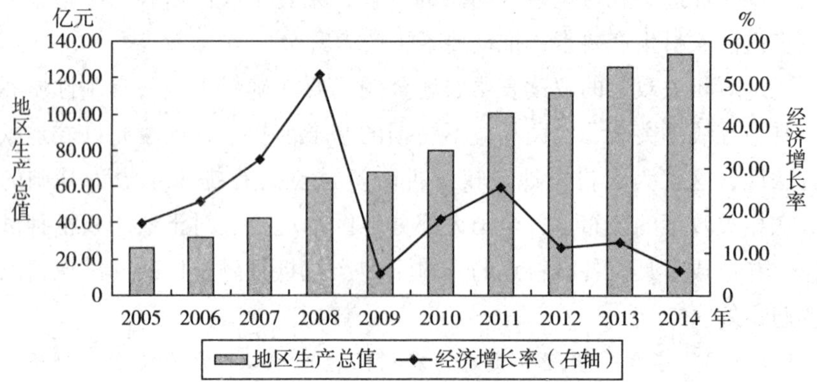

注：平罗地区生产总值按当年价格计算得出，根据全国核算制度规定2005年起农林牧渔服务业包括在第一产业中，为了便于统计口径，故从2005年开始统计相关数据。

数据来源：2005—2012年《平罗统计年鉴》，2013—2014年数据根据平罗政府信息网整理，http：//www. nxpl. gov. cn/。

图1-1　平罗地区经济发展情况

发展，大部分居民也都从事着与第二、第三产业相关的工作，完全从事农业的家庭类型逐渐较少，土地对于广大农户而言社会保障功能减弱，这也有利于当地开展农村土地产权抵押融资。

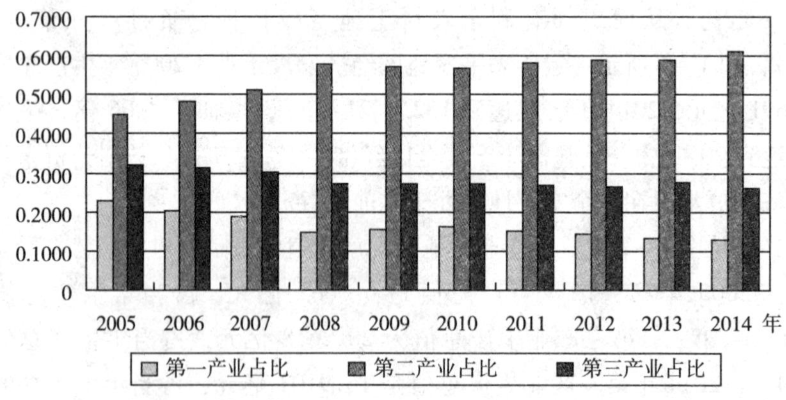

图1-2　平罗地区三大产业贡献度趋势对比分析

1.1.1.4　宁夏平罗农业生产转型需要农地金融资金的支持

2014年底平罗县第一产业增加值为16.91亿元，占比12.72%，增长了近1.5个百分点，增长速度是第二产业的1/9左右。由于工业化结构明显，近几年来当地以工业化的理念谋划农业，综合运用政策引导、项目扶持、金融支持等措施扶持农业发展，促进农业生产现代化转型。通过投资4.3亿元大力改善农业生产条件，实施了盐碱地改良、高效节水灌溉等10项农田水利重点工程，改良盐碱地12万亩，改造中低产田20万亩，建设高标准农田6.4万亩，新增高效节水灌溉2万亩；另外还通过农业科技园区建设制种、草畜产业核心园区9个，其中制种面积13.2万亩，产值达3.2亿元，新改扩建规模养殖场24个，牛、羊饲养量达到15.7万头、213.8万只，分别增长14%和7%；自治区蔬菜自供基地11个，总面积达到18万亩，粮食总产34.7万吨。全县农林牧渔业总产值达到33.9亿元，增长5.7%。建设种养殖示范园区、基地73个，农业特色优势产业比重达到82%[①]。这表明平罗县的农业生产已经开始从传统农业向现代农业过渡，生产方式不仅包括传统分散的初级生产，还有现代集约型的生产方式，当地农业生产转型引起了农户人均收入组成情况和农业人口数量发生改变（见表1-2）。

表1-2　宁夏平罗农户人均纯收入分布情况　单位：元/人

年份	纯收入	工资性收入	经营性收入	财产性收入	转移性收入
2005	3 640.43	892.67	2 562.73	50.25	134.78
2006	3 957.08	928.96	2 789.34	72.61	166.16
2007	4 455.67	1 067.35	3 140.92	64.61	182.79
2008	5 005.00	1 244.68	3 391.05	72.65	296.61
2009	5 430.94	1 370.96	3 619.39	120.65	319.94
2010	6 186.24	1 682.23	4 039.13	103.13	361.74
2011	7 084.21	1 925.75	4 578.92	158.62	420.92
2012	8 167.44	2 361.68	5 065.16	216.53	524.07
2013	9 172.00	2 706.00	5 509.00	689.00	268.00
2014	10 501.80	3 058.20	5 317.20	326.60	1 799.80

数据来源：2005—2012年《平罗统计年鉴》，2013—2014年数据根据平罗政府信息网整理，http：//www.nxpl.gov.cn/。

2014年平罗农村居民人均纯收入首次突破万元大关，达到10 501.8

① 根据《平罗县2014年农业农村经济形势分析》整理，http：//www.nxpl.gov.cn/。

元，相较于2005年人均3 640.43元，近十年增长了188.48%。在农民人均纯收入组成中，2014年经营性收入5 317.20元，占人均纯收入的50.63%，虽然这一比重相较于2005年的70.40%有着较大程度的下降，但其仍然是农户人均纯收入最主要的构成部分。另外工资性收入成为农村居民家庭经营收入以外最主要的收入来源，工资性收入从2005年的892.67元提高到2014年的3 058.20元，收入比例由24.52%提升到2014年的29.12%，工资性收入占比的增加表明当地农户从事其他行业程度增加，农户由纯务农性质开始向兼业类型农户身份转变。

2014年平罗总人口数为316 237人，其中农业人口226 610人，占总人口的71.66%，相较于2005年的75.08%降低了3.42%。当地累计转移农村劳动力30 890人次，实现劳务收入2.8亿元，农业人口比例的降低也反向要求着当地进行农业生产转型。

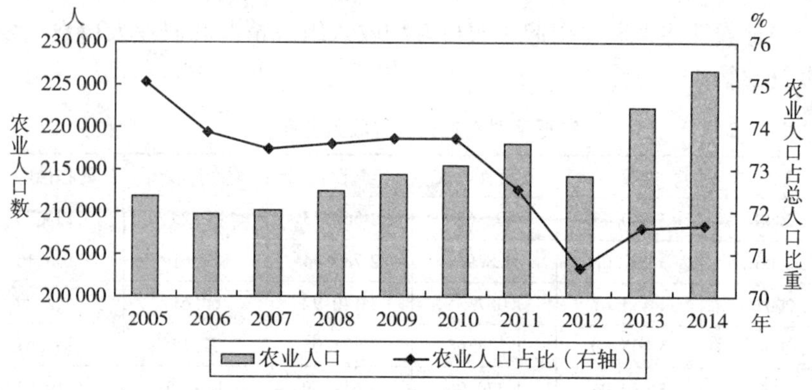

图1-3　2005—2014年平罗农业人口统计情况

与全区其他发达地区相比，平罗仍然存在乡镇企业的发展规模和水平较低、农村龙头企业数量有限的问题，这对农业生产现代化转型的带动作用十分有限，单纯依靠政府行政力量是远远不够的，仍需农村金融市场资金的大力支持。截至2014年当地累计收储农民自愿有偿转让宅基地和房屋1 200户、耕地6 100亩，安置移民1 174户，培育新型农业经营主体129家。另外通过农村土地产权抵押融资试点，累计发放农村土地产权抵押贷款3.1亿元，新增规模流转土地8.4万亩，促进农村土地有序流转，农户可以根据农地金融支持积极稳妥地发展多种形式的农业规模经营，进一步保证农业生产转型的资金需求。

1.1.2 理论背景

农村金融理论随着农村经济与金融活动的日益扩大和丰富而不断完善与发展，目前农地金融研究也是以农村金融理论为基础的。在农村经济不断转型、日益严峻的“三农”问题尤其是信贷投入严重不足的情况下，农地金融问题开始受到理论界的关注。农村经济和社会的进一步发展需要改变传统农业生产方式以提高农业市场竞争力，需要优化农村土地资源的配置，那么农地金融正是促进农村生产力发展的客观要求，同时也是农村经济与金融逐步走向市场化的必然结果。笔者尝试将产权理论、行为效用理论和农村金融创新等理论引入农村土地产权抵押融资模式研究当中，通过对宁夏平罗农村土地产权抵押融资模式的现状、特征以及存在的问题梳理，并从参与主体供求视角分析该模式的运行效果，寻求优化宁夏平罗农村土地产权抵押融资模式的有效途径，不仅能够改善广大农村中的抵押难、融资难和担保难的相关问题，对发展完善农村金融相关理论也具有深远的意义。

1.2 研究目的及意义

1.2.1 研究目的

本书在农村土地产权流转促进土地规模经营的背景下，以政府主导的宁夏平罗农村土地产权抵押融资模式为研究对象，从农村土地资本化、释放农村土地资源的融资功能为着眼点，借鉴和运用产权理论、行为效用理论和农村金融创新理论等多学科理论，采用规范分析与实证分析相结合的方法，结合当地农村的实际情况，对宁夏平罗农村土地产权抵押融资模式进行分析，以期实现以下目的：

（1）了解宁夏平罗农村土地产权抵押融资模式的现状、特征及问题。在农村金融体制改革、当地2011年底被确定为全国24个农村改革试验区之一的背景下，针对农村土地产权抵押融资模式运行情况，包括其建立条件、操作流程、运行特征以及所存在的问题进行全方位分析，以期了解平罗农村土地产权抵押融资模式的实际开展情况。

（2）从农村土地产权抵押融资市场需求主体出发，通过对不同类型农户实际情况进行分析，并在已有研究的基础上构建参与意愿和满意度评价指标体系。从整体农户和参与农户两个方面进行实证分析，以期了解融资模式下影响农户参与意愿和满意度评价因素。

（3）从农村土地产权抵押融资市场供给主体出发，通过对以农地抵押融资的金融机构进行分析。首先从整体上分析金融机构开展农村土地产权抵押融资的经营效率，判断其经营效率的大小变化情况，在已有研究的基础上构建参与意愿指标体系，对金融机构工作人员进行实证分析，以期了解影响机构工作人员参与意愿因素。

（4）分析宁夏平罗农村土地产权抵押融资模式运行的具体效果，通过将农地金融市场参与主体结合起来，具体从是否申请贷款的需求农户和是否发放贷款的供给机构两个层面出发，根据相关模型测算出该种融资模式对农户融资需求的满足程度即融资约束缓解情况，以期了解平罗农村土地产权抵押融资模式实际运行效果情况。

（5）探索宁夏平罗农村土地产权抵押融资模式具体优化方案，根据相关研究结论，对当地融资模式的不足之处进行分析，同时结合国内外农地金融经验，从农村土地价值评估、融资业务、主办机构、风险防范基金以及基层合作组织等方面设计适合宁夏平罗农村土地产权抵押融资模式路径，从规范的角度提出促进农村土地产权抵押的对策建议，以期为制定区域乃至国家层面的农地金融发展政策提供决策参考。

1.2.2 研究意义

1.2.2.1 理论意义

（1）选取宁夏平罗农村土地产权抵押融资模式为研究对象，将产权理论等相关理论运用于农村金融领域，不仅能够拓宽农村金融研究范围，丰富农村金融相关理论，而且为农地金融具体制度设计提供了新的思路和视角。

（2）能够为其他学科的研究提供借鉴经验，宁夏平罗农村土地产权抵押融资模式研究需要农村金融学、微观经济学等多学科交叉支撑，因此通过对该融资模式进行研究，从不同方面对农地金融市场参与主体行为意愿、运行效率以及实施效果等方面的测算将会对这些学科关于农村金融领域的研究给予相应的学术启示。

1.2.2.2 现实意义

（1）农村抵押难、融资难和担保难问题长期制约着我国农村经济社会的发展，自2008年中国人民银行和银监会联合发布的关于加快农村金融产品和服务方式创新的意见以及2013年中央一号文件中指出要创新符合农村特点的抵（质）押担保方式和融资工具以来，农村土地产权抵押融资试点就已进入实质性的操作阶段，大部分试点地区都形成了具有自身特色的农村土地产权抵押融资模式，而作为政府主导型代表的宁夏平罗农村土地产权抵押融资模式备受关注。因此积极进行当地农村土地产权抵押融资模式的分析是对目前学术界和实践部门关于农地抵押争论的有力探索，发挥农地金融作用对促进当地农村经济发展意义重大。

（2）宁夏平罗开展农村土地产权抵押融资试点以来，农户和金融机构供求主体对其如何评价，其融资模式运行效果是否缓解了农村融资难、抵押难和担保难的问题，这都需要在本书中予以详细阐述。事实上农村土地产权抵押融资模式的推广需要市场农户和金融机构两大供求主体的参与，因此本书首先从市场需求农户和市场供给金融机构两个主体层面分别进行分析，再从供求主体联立的角度分析当地农村土地产权抵押融资模式的运行效果，全方位地分析当地融资模式实际运行情况，对农村土地产权抵押融资模式的改进和完善具有重要意义。

（3）根据从市场主体需求、供给和供求三个角度全方位分析平罗农村土地产权抵押融资模式中所存在的不足，在保证农村土地集体所有和承包关系长久不变的前提下，并吸取典型农村土地产权抵押融资模式经验的基础上，从农地金融基本原则、组织设计、风险防范以及配套改革措施等方面优化出具有示范性、可操作性的土地产权抵押融资模式供地方政府和国家决策参考，这对进一步推进农村土地产权抵押融资改革意义重大。

1.3　国内外研究动态

1.3.1　国外研究动态

由于国外农地绝大多数属于农户私有财产，因此对于农村土地流转没有任何限制，农户将农村土地进行抵押融资也无可非议。国外学者主要是从土地产权理论方面论证与农村信贷融资之间的关系。

产权的稳定性具有重要的行为激励意义，对农村土地制度的研究表明，土地产权的稳定性不仅有利于激励产权主体增加对土地的长期投资，而且有利于拓展土地的融资功能，因为土地产权能够提高土地的可抵押价值。不仅如此，土地产权的稳定性还能够激励农户改善土地的产出效率，通过增加投入获取更高的流转租金（Basley，1995）。De Soto（2000）认为由于没有明晰的产权证明，广大农村地区的固定财产土地并不能有效转化为具有流动性的资本，这严重抑制了其在资本市场的融资能力，他的这一主张促成了拉丁美洲国家及其他国家致力于土地抵押能力提升的产权改革。Besley 和 Ghatak（2008）在 De Soto 已有研究的基础上，通过合约理论分析发现借方资金水平差异能够影响法律改革提升土地作为抵押物能力的大小，并且指出农村金融中制度约束和财产约束、产权制度改革与财产分配、福利影响之间的交互作用等研究领域还需进一步拓展。Wegeren（2003）对俄罗斯农村土地交易状况研究中发现农村土地交易异常活跃，并且在土地交易中私人土地交易占很大比重。稳定的地权使得银行更愿意接受土地作为抵押品（Deininger，2003），农地金融市场的良好发展依赖于完善的土地流转制度和准确记录并且可有效转让的农地产权，因而发展中国家普遍将农地确权作为降低农村融资约束的一项重要政策措施（Deininger 和 Binswanger，1999）。Raleign 等（1986）利用跨国证据也发现借款人抵押能力的权利改善与信贷市场的发展高度地正向关。Feder（1988）和 Lopez（1996）分别对泰国和洪都拉斯两国的农民数据调查分析发现，农地抵押制度改革能够明显改善农村地区信贷供给不足问题，从而有效提高农户信贷资金的可获得性。

但是学者就土地产权是否促进农村信贷可得性并未达成共识，Pender 和 Kerr（1999）通过对印度实地考察发现由于小规模生产者获取资金易受其他信贷市场的影响和银行难以处置土地抵押品，明晰的土地产权界定并不能有效改善当地信贷供给不足问题。Boucher 等（2005）通过对比尼加拉瓜农地抵押改革前后农户获得信贷资金的数据发现，大多数农户的信贷获取能力并未发生明显变化。除了以上影响因素外，Carter 和 Olinto（2003）从巴拉圭的研究发现农地产权制度改革对农户信贷的可获得性还会受到借方农户的资产等级、农地规模和信贷交易成本等因素影响，只有当财富达到一定阈值后的农民，土地作为抵押品增进信贷供给的效果才会显著。

当农户缺乏金融机构认可的抵押物或者由于抵押产品产权界定不清晰

时，就会导致金融机构不能利用农户抵押物来消除其面临的潜在风险，它们就会减少对此类农户提供融资（Chriseten 和 Pearce，2005）。由于在农村金融市场的交易费用和金融机构面临的风险都比较高，Bester. H. （1987）认为土地抵押品可以增加借款人的违约成本，减少借款人的策略性违约行为。其中当借贷双方都为风险中性时，土地抵押品可以有效缓解信贷市场中的最初风险；当借款者是风险厌恶型时，他们并不愿意在没有获得贷款者的某些补偿条件时承担全部风险，而此时土地抵押并不能有效解决由此产生的道德风险问题，当农户规模小、农地价值低以及处置农地抵押品的交易成本远远大于借款资金规模时，即使有明确的农地产权证明，金融机构也不愿意接受农地作为有效抵押品（Field 和 Torero，2006）。因此 Whette（1983）认为金融机构通过设置不同的抵押品和利率组合来降低贷款风险，较低价值的抵押物和高利率相结合，较高价值的抵押物和低利率相结合，在这当中土地抵押物价值起到事前信息甄别和区分贷款者风险类型的作用，从而提高贷款效率。

Conning 和 Udry（2005）在此基础上总结出三点农村土地产权影响土地融资：首先是地区经济发展情况较差导致金融机构和土地市场发育不完善；其次是土地作为抵押品变现面临着相当高的成本和法律障碍；最后是土地产权抵押被一些更为有效的抵押担保品取代，指出农村土地金融今后应重点围绕土地财产权利和法律合约执行方面进行研究。

1.3.2 国内研究动态

我国农地制度的特殊性使得农村土地产权抵押一直是各位学者的研究热点，他们从不同的角度对农村土地产权抵押融资进行研究。主要研究方向包括以下几个方面：

1.3.2.1 法律视角下农村土地产权抵押融资研究

法律界对农村土地承包经营权是否抵押仍然未达成一致，认为不能用于抵押主要是从现行相关法律条文进行解读，而认为能用于抵押的主要是从土地承包经营权作为一种用益物权进行解读，应当充分发挥用益物权的价值，适宜做抵押标的物。

（1）农村土地产权抵押融资反对方面。马浩青和俞凯（2011）认为用于抵押的农村土地承包经营应当属于担保物权，担保物权是凌驾于土地承包经营权之上的，有关农地承包经营权抵押主要集中于《物权法》、《担保法》和《农村土地承包法》这三部法律当中：《物权法》在第一百八十四条规定耕地、宅基地、自留地、自留山地等集体所有的土地使用权不得抵押，但通过招标、拍卖、公开协商等方式承包荒地等农村土地，其土地承包经营权可以转让、入股和抵押（胡康生，2002；王卫国，2002）；《担保法》第三十七条第二款同样做出规定，耕地、宅基地、自留地、自留山等集体所有的土地使用权不得抵押，但是允许其他方式承包的“四荒”地土地承包经营权抵押；《农村土地承包法》第四十九条确认了其他方式承包的土地承包经营权可以用于抵押，但是对于家庭方式承包的土地承包经营权并未予以明确。《物权法》和《担保法》中的“土地使用权”是涵盖了土地承包经营权、宅基地使用权及其他债权性质的土地使用权等一系列权利的总称（高圣平和刘守英，2008），虽然《农村土地承包法》中并没有明确表示以家庭方式承包的土地承包经营权是否能够用于抵押，但是在《物权法》和《担保法》中却是明文禁止其用于抵押。另外最高人民法院在2005年颁布的《关于审理涉及农村土地承包纠纷案件适用法律问题的解释》中规定凡是承包方通过土地承包经营权进行抵押或者抵偿债务而产生的法律纠纷一律视为无效，事实上是禁止了土地承包经营权抵押（郭继，2010），现行法律禁止土地承包经营权抵押主要是基于土地作为农民基本生活保障的考虑（孟勤国等，2009）。

（2）农村土地产权抵押融资支持方面。另外一些学者通过对相关法律的解读认为法律并没有完全禁止农村土地承包经营权抵押，特别是对农用地仍然保留一定余地。屈茂辉（1998）认为《物权法》将土地承包经营权定性为是一种占有、使用、收益的物权。既然是物权，那么土地承包经营权就拥有财产权所直接规定的相关权利，承包人也就享有法律和合同规定范围内所有有关承包土地的权利，如对土地的直接控制和利用。尹云松（1995）、丁关良（1999）、房绍坤（2006）将土地承包经营权定义为一种用益物权，权利人可以通过行使用益物权获得财产上的收益，用益物权具有明显的经济利益特征，它是以物品使用和收益为目的的权利，所以土地承包经营权本身也是具有价值的。它拥有物权支配性、排他性、法定性和公开性的共性，用益物权作为一种独立的物权本质上就要求其具有独立的处分权利，因此从法律角度上讲，土地承包经营权就同土地所有权一样具有流通性，用于抵押也在合理范围内（上静，2006），另外《担保法》中也肯定了权利可以作为抵押标的物，土地承包经营权的抵押并没有在法律上完全禁止。

除了从土地承包经营权属于用益物权进行解读可以用于抵押外，刘云生（2006）还从法学角度比较和借鉴了外国和我国古代抵押制度，他主张农村土地承包经营权自由设定抵押以达到土地资源优化配置，实现土地收益的目的。李显冬和吴蓓（2008）从我国土地立法的历史进程角度，认为农村土地实质上是一个从重归属到重利用的演进过程，通过土地承包经营权抵押能够有效挖掘和提升农村土地的利用效率。高圣平和刘萍（2009）认为转让和抵押同属处分范畴，并且转让比抵押在对财产的处分上更彻底，按照举重以明轻的解释规则，法律上允许土地承包经营权“转让”却限制“抵押”是不恰当的。王宗非（2002）认为在《农村土地承包法》中规定“通过家庭承包取得的土地承包经营权可以依法采取转包、出租、互换、转让或者其他方式流转”，法案并没有明确禁止通过家庭承包取得的土地承包经营权抵押这一方式进行流转，也为土地抵押可行性预留了空间。朱民等（1997）、张红宇（2002）提出应该淡化土地所有权，在稳定和强化农民土地承包权的同时也要稳定农民对土地的实际使用权，必须承认农民的土地承包经营权是一种财产权利，土地制度创新须以利于农地使用权即承包经营权流转为切入点。罗剑朝（2003）指出土地使用权作为一种财产权利，可以在法律允许的范围内采取多种方式转让、抵押，是一种信用获得资金融通的保证。

1.3.2.2 经济社会视角下农村土地产权抵押融资研究

相比较法学领域的研究经济学研究的视角更加丰富，主要以理论分析为主，并有少量实证研究。

（1）农村土地产权抵押融资反对方面。学者认为土地承包经营权不能抵押的主要是从土地保障论、执行成本论和规划管制说三个方面进行考虑。

①土地保障论。主要是从农民生产生活的基础条件考虑，陈柏峰（2009）在对湖北省京山县调查分析中认为放开农地承包经营权抵押融资会对当地农业生产带来影响，特别是对以纯农业收入为主的农户影响更大。史卫民（2009）认为如果允许用农地承包经营权进行抵押，当农民因

为某些原因而不能按时偿还债务时就有可能丧失所承包经营的土地，这会危及农民的基本生活保障，进而影响农村社会大局的稳定。姜新旺（2007）认为由于农业的弱质性使得农业生产具备一定风险，农民对农业保险的认识滞后和农村社会保障的不健全很容易使得农业弱质性引发农业经济风险，进而转化为社会风险与伦理道德风险。此外我国农村土地产权归属不明确和相关法律限制，造成农村产权交易市场效率低下，若强行推动农地抵押试点，会引发农户失地、大量不良资产等一系列社会问题（张文律，2012；刘成玉，2013），甚至会使得土地产权落入非集体经济组织主体的手中，进而瓦解集体经济组织（陈臻，2010）。

②执行成本论。农村土地承包经营权抵押融资涉及面广、工作量大，缺乏有公信力的地价评估机构，使得金融机构办理此类业务难度较大。即使通过明晰土地产权和改革农地抵押制度，无论是私有制还是公有制的土地抵押物都不能改变农村土地变现价值低、变现难等诸多现状，因此金融机构并不愿意接受农地作为抵押物（王兴稳等，2007；钟甫宁和纪月清，2009）。韩俊（2009）通过对日本农地抵押制度的分析并指出了当前我国农地承包经营权抵押所存在的障碍，认为土地承包经营权抵押的执行难度较大，对农地抵押贷款持悲观的态度。陈锡文（2010）更是直接指出农村土地承包经营权不能用于抵押，当金融机构开展此类业务后，若农户到期不能偿还债务时，金融机构将土地承包经营权进行拍卖或变价会遇到现实法律以及一些变现实质性问题。

③规划管制说。主要是从国家土地资源战略的角度反对农地承包经营权的抵押，程啸（2005）认为农地承包经营权抵押存在破坏国家土地用途规划的潜在可能性。为了防止工业化、城市化进程中出现大量耕地转为建设用地及大量耕地的非法流失，国家实行18亿亩耕地红线不能打破的最严格耕地保护制度。如果农地抵押被允许，抵押权人在实现其抵押权时就会最大限度满足自己的债权，从而将农地承包权转让给出价最高的受让人，而不会考虑受让人的农业生产能力和意愿等，这样会使有限的农地资源遭到破坏，进一步会影响到农业生产的发展，从而会影响到国家粮食安全。

（2）农村土地产权抵押融资支持方面。相关学者认为土地承包经营权能够用于抵押主要是从农村金融体系缺陷的现实要求、增加农户可用资金，降低信贷风险和消除城乡二元经济差距三个方面进行考虑。

①农村金融体系缺陷的现实要求，尹云松（1995）认为建立农村土地承包经营权抵押制度将会是我国农村土地制度深层次改革的一个重点。这样有利于完善农村信用机制、为农业发展提供低成本的支农资金、促进农村土地流转和市场的形成，还有利于政府推行不同时期的农业政策等（吴文杰，1997）。王选庆（2003）通过分析当前农村金融制度的优劣和农地金融发展困境，认为应当广泛开展农村土地承包经营权抵押，并提出了我国农地金融制度管理创新的基本思路和基本原则。陈家泽（2008）通过分析农地承包经营权抵押的障碍认为主要包括农村产权主体虚置、农民土地发展权缺失和现行法律阻碍三大方面，实行农地承包经营权抵押是土地资本化改革的必经选择，而创新农村金融担保制度是农地承包经营权抵押的首要解决条件。另外一些学者针对农村金融制度体系缺陷本身，还提出了建立农地金融的机构组织如土地银行，郭骊等（2010）认为农村土地银行是国外常见的土地金融组织，建立农村土地银行符合我国经济社会发展的内在逻辑，对于贯彻国家现代发展战略有重要意义，如果制度设计合理，农村土地产权抵押融资并不会影响社会稳定。通过建立农村土地银行促进土地适度规模经营发展，从而有效盘活农村土地资产，提高农村土地要素的优化配置和高效利用对于缓解“三农”问题具有深远影响（施晓琳，2002；王铁，2008）。此外，邵传林和霍丽（2009）还认为农村土地银行对于发展现代农业、实现规模经济、完善土地承包经营权流转市场、改善农村金融生态环境、实现农地使用权的资本化和市场化也具有重要作用。

②增加农户可用资金，降低信贷风险。刘卫锋（2009）认为随着农村社会经济的持续发展，农民的资金需求不断上升，为缓解自身融资难的困境，他们迫切需求当地能够开展农地抵押贷款业务，以农村土地产权作为与金融机构进行贷款交易的标的物，通过建立农地抵押的农村金融制度能够达到缓解农村地区资金不足和农地资源有效利用的目的（肖诗顺，2010），同时还可以将农地内含的经济价值转化为为农业生产谋得发展的流动性资金，进而助推农业生产及农村经济的持续发展。刁怀宏（2005）从农村信贷市场的不对称信息视角讨论了农户与贷款者的信贷行为关系，认为农地产权抵押能够提高农贷资金的安全性。陈建新（2008）通过对二种农户信贷技术的绩效比较分析发现，在目前农村市场条件不断完善的情况下，农户通过抵押农地获得信贷资金是最佳有效的融资方式。陈小君等

(2010) 在2009年对我国4省480户农户的实地调查表明，绝大多数受访农户表示希望开展农地承包经营权抵押，表明农户对农地承包经营权的抵押诉求是存在的。曾庆芬（2010）对成都试验区109户农户调研发现资金需求量大，当前农村金融市场并不能有效满足农户融资需求，当地普遍对土地产权抵押有需求，但总体态度较为谨慎，接近半数农户将土地产权抵押视为未来需求的备选融资工具。然而农地抵押业务却没有引起金融机构的足够重视，受到农村土地价值低、规模小等因素制约，即使当地政府积极推广土地抵押业务，相关金融机构也不愿意接受农地作为抵押标的物为农户提供贷款（朱英刚和王吉献，2009）。

③统筹城乡发展，消除二元经济差距。张合林和郝寿义（2007）指出目前农村土地产权改革意识形态还处于刚性的束缚状态，大力提高农地使用权权能、允许农地承包经营权抵押可以带来农业资本投入增加和农村经济的长期增长，从而改善城乡二元金融结构，缓解农村金融贫乏。刘方健(2008)、厉以宁（2008）认为改革开放以来城乡二元体制实质上没有发生变动，实行农地改革允许农村土地承包经营权抵押是消除农村贫困现象的重要途径，有利于缓解城乡二元经济差距。

另外一些学者以农村土地制度变迁的历史和经验为依据指出成功的农村改革依赖市场化的方式对农民赋权，赋予农民包括抵押在内的农地支配权（邓大才，2000；高海，2009）。同时通过介绍德国、美国、日本等发达国家的农地金融实践，总结了对我国农地金融制度构建的启示（李延敏，2005；张笑寒，2007；罗剑朝等，2015）。

1.3.2.3 试点地区的农村土地产权抵押融资研究

罗剑朝等（2003）对20世纪80年代末期贵州省湄潭县农地金融试验进行了深入的讨论，总结失败原因主要包括资金来源不足、机构开展业务困难和融资风险较大。伍振军等（2011）分析了宁夏等地试点运行的土地承包经营权抵押，归纳总结出农地抵押融资中借贷双方、抵押标的物以及抵押融资模式等方面的主要特征，并用案例分析方法深入剖析了宁夏同心县土地经营权抵押融资试验的性质。李伟伟和张云华（2011）指出宁夏同心的农村土地产权抵押融资不是真正意义上以土地承包经营权作为抵押标的物，而是以土地协会和其他农户为保证人的保证（担保）贷款。傅先义等（2010）对湖北天门农村土地产权抵押贷款试点过程中有关土地保护、风险防控、权利保障等问题进行了实证分析，并对土地经营权抵押融资推广的主要障碍提出完善法律制度的相关建议。邓纲（2010）、赵智等（2010）从制度方面分析成都市农村产权抵押融资改革的背景，剖析该项改革对现行法律政策的突破和妥协，探讨试点方案的设计及潜在的问题。张龙耀和褚保金（2010）以宁波案例分析农村土地产权抵押融资的运行机制和绩效，从制度经济学角度归纳了农村土地产权抵押的路径和前提条件，指出希望通过农地抵押从根本上破解当前我国农村金融的瓶颈问题。林乐芬和王军（2011）通过对浙江省宁波市开展农地融资业务的金融机构进行研究时发现，农地产权抵押评估问题和融资农户违约后被抵押的农地变现风险是农村金融机构开展农地抵押业务的最大顾虑。黄惠春（2014）在对江苏省农村土地承包经营权抵押贷款试点研究时发现，农户土地抵押贷款可得性更多依赖农户的信用记录，由于农地抵押贷款的交易成本较高，金融机构贷款对象更倾向于大农户和优质的存量客户。黎毅等（2014）通过对陕西和宁夏两地的农村土地产权抵押试点分析发现，宗教信仰的差异造成了农户对农地抵押认知响应的差异。

1.3.2.4 农村土地产权抵押融资市场主体参与要素研究

随着各地根据各自发展情况开展不同模式的农村土地产权抵押，学术界对农地抵押参与主体的意愿也展开了分析。参与主体主要是从作为需求方的农户进行分析，马鹏举等（2013）、刘婷婷等（2013）分别运用 Probit 或 Logit 模型对农户农地抵押融资意愿因素进行分析。由于不同试点地区的经济差异、农户认知和运行模式的不同，以上学者所得出结论也呈现出差异化，总体来说显著影响因素包括性别、年龄、文化程度、耕地面积、家庭生产经营类型、社会关系、信誉评价以及产权抵押融资了解等相关变量。完善的农地流转市场体系和专业合作社发展对农户农地抵押融资意愿具有促进作用，因此需要规范农村信贷市场，通过对机构人员培训，提升金融机构的服务质量和信誉水平，另外加大对农村土地产权抵押融资的宣传力度，扩大在农户群体中的认知范围（靳聿轩等，2012）。少数学者从供给方的金融机构进行分析，刘贵珍（2009）在对豫北某市 350 位金融机构从业人员进行调查时发现，79.71% 的从业人员认为农地承包经营权如何处置是影响金融机构发放贷款的关键问题。金融机构从业人员对农地抵押贷款态度较为谨慎，主要商业银行很少介入，抑制放贷主体意愿的因素有贷款业务的操作问题、贷款风险控制问题及抵押品的处置问题。

1.3.3 国内外研究动态评述

通过以上论述可以看出，国内外特别是国内学者分别从法律和经济的不同视角研究了农村土地产权抵押融资的相关问题，其结论为本书的研究提供了重要参考依据，受制于调研区域和数据样本的限制，总体上已有研究仍存在以下局限：

（1）国外大多数研究是基于土地私有产权背景，对农地抵押制度改革是否能增加农户信贷可获得性仍然存在不同意见，这与不同国家农地抵押的法律体系和制度框架等方面存在巨大差异相关，因此有关结论能否适用于我国特殊的农地金融制度仍然值得进一步商榷。

（2）目前国内开展农地金融试点的地区，绝大多数学者多侧重特定的个案分析，对当前我国试点地区的农村土地产权抵押融资模式的共性与个性的比较和归纳总结较少，它们的建立背景、操作流程、模式特点、成果以及相关经验并没有系统介绍，已有相关研究均呈现出只见树木、不见森林的特点，就如何设计和构建农地金融制度也未充分讨论，因此以宁夏平罗农村土地产权抵押融资模式试验为依托，对农地金融试验开展丰富和系统的实证研究有着巨大的研究空间。

（3）受制于数据样本限制，有的学者甚至只能从理论层面对试点地区进行相关分析，这并不能正确反映出各地区的试点情况。少量的实证也是从农户或者金融机构（信贷人员）的意愿方面进行研究，农村土地产权抵押作为一种农村金融创新产品，能否被市场接受并顺利开展，不能仅仅只单纯考虑农户或者金融机构的意愿，因为单方面研究有可能产生认知偏误问题。并且从抵押供求意愿、抵押融资模式满意度评价、机构业务开展效率以及农地抵押模式运行效果等方面全面评价农地抵押融资模式更是较少，这也是本书研究的侧重点之一。

1.4 研究思路、内容和方法

1.4.1 研究思路

本书以宁夏平罗农村土地产权抵押融资模式为研究对象，围绕如何设计优化符合当地农村实际情况的农地抵押模式这个中心任务，第一，对国内外已有的研究成果进行梳理，寻求本研究的切入点，设计分析框架，对相关理论进行阐述，作为本研究的理论基础；第二，对现阶段宁夏平罗农村土地产权抵押融资模式运行现状、特征以及所存在的问题进行全方位的阐述；第三，构建相关指标体系，分别从市场需求和供给两大主体对双方参与影响因素以及业务效率运行情况进行实证分析；第四，将市场需求和供给两大主体联立分析，通过选取相关指标对平罗农村土地产权抵押融资模式运行效果进行量化评价；第五，在前面从需求、供给和供求角度对宁夏平罗农村土地产权抵押融资模式分析的基础上，针对该模式中存在的相关问题，从优化原则、优化目标以及优化方案等方面对农地抵押融资模式做进一步优化设计，并提出实现融资模式优化的相关政策建议。

通过相关统计年鉴 2005—2012 年《平罗统计年鉴》和平罗政府信息网 http：//www. nxpl. gov. cn/等获取宏观数据支撑，同时采用系统抽样调查方法，合理设计调查方案，获取研究所需农户和金融机构支撑数据。通过文献分析、比较分析和统计分析归纳农户和金融机构实证所需的关键变量及系列假设，并构建相关计量模型对以上假设进行检验和验证。根据以上研究思路，宁夏平罗农村土地产权抵押融资模式的技术路线如图 1－4 所示。

1.4.2 研究内容

基于以上研究思路，本书研究总共分为八章，具体结构如下：

第一章，导论。主要介绍研究背景、研究目的和意义、研究方法、文献评述以及数据来源。通过系统地评述国内外农村土地产权抵押融资的相关文献，特别是对国内关于农村土地产权抵押融资的争论进行重点梳理，从现有文献中挖掘研究中的共识和不足。

第二章，农村土地产权抵押融资模式理论基础。先对农村土地产权抵押融资模式中所涉及的相关概念和研究范围进行界定，并对农村土地产权抵押融资的必要性与可行性进行分析，再对农村土地产权抵押融资模式构成主体以及运行效果所涉及的相关理论进行综述，并在此基础上构建整体的理论分析框架。

第三章，宁夏平罗农村土地产权抵押融资模式现状、特征及存在问题。选取政府主导型的农村土地产权抵押融资模式作为研究对象，详细分析了平罗农地抵押融资模式的建立条件、操作流程以及特征，在取得已有成果经验的基础上，剖析出政府主导型的农村土地产权抵押融资模式运行中所存在的问题。

第四章，宁夏平罗农村土地产权抵押融资模式市场需求主体分析。本章主要对农村土地产权抵押融资模式的市场需求主体进行微观考察，通过实地调研数据对农户进行实证分析，揭示影响农户参与意愿因素，并构建相关指标模型对参与农户的满意度进行分析，探索该模式在运行过程中还有哪些值得改进的地方。

第五章，宁夏平罗农村土地产权抵押融资模式市场供给主体分析。本章主要对农村土地产权抵押融资模式的市场供给主体进行微观考察，通过对当地开展农地抵押融资的金融机构进行实地调研，运用相关模型分析金融机构开展农地抵押融资业务的经营效率，判断其效率的高低。再对金融机构中作为直接参与农地抵押融资的工作人员进行调研，从金融机构工作人员的角度分析影响参与农地抵押融资供给因素。

第六章，宁夏平罗农村土地产权抵押融资模式运行效果评价。本章将农村土地产权抵押融资模式市场供求两大主体联立分析。需求方面将有意愿的农户具体分为是否申请两大类型，供给方面将申请农户具体分为是否得到机构贷款两大类型。运用相关模型对这两类进行概率估计，得出各自的修正比率序列，再将两组修正比率序列加入修正模型当中，具体量化出当地农村土地产权抵押融资模式能在多大程度上满足农户的融资需求。

第七章，宁夏平罗农村土地产权抵押融资模式优化。本章在对平罗农村土地产权抵押融资模式运行机制和相关实证分析的基础上，结合平罗农地抵押融资模式制度和运行过程中所存在的相关问题，并借鉴当前国内外农地抵押融资模式的相关经验，从原则、目标和方案等方面对现有模式进行优化完善，拟提出适合当地并且可复制、易推广的农村土地产权抵押融资模式方案。

第八章，宁夏平罗农村土地产权抵押融资模式优化的政策建议与对策。针对前面拟提出的融资模式优化方案，从促进农村土地产权抵押相关法律法规修订和改革、引入第三方农村土地产权价值评估机构、加大农村土地产权风险防范力度、培育和规范农村产权流转市场、健全农村社会保障制度、引导相关机构进入农地金融市场、降低政府组织成本等方面提出相关政策建议与对策。

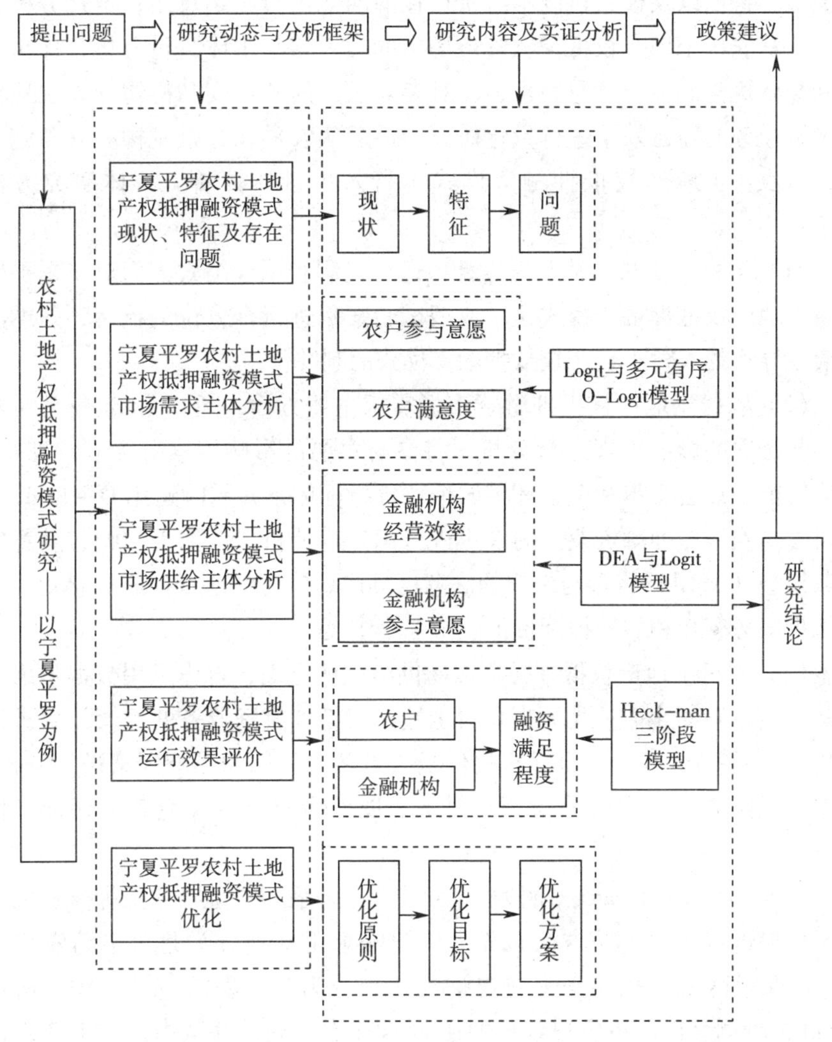

图1-4　技术路线图

1.4.3　研究方法

围绕本书研究内容，以农村土地产权抵押融资相关理论为指导，采用定性分析与定量分析相结合的研究方法开展研究。定性分析方法中，对农村土地产权抵押融资中的相关含义与研究范围进行界定，以政府主导型的宁夏平罗农村土地产权抵押融资模式为研究对象，对其模式建立条件、操作流程、特征以及模式机制本身所存在的问题进行归纳总结；定量分析方法中，从农村土地产权抵押融资市场中的两大参与主体进行分析，探讨农户和金融机构的参与意愿因素，并对参与农户的满意度和机构开展农地抵押融资业务的经营效率进行量化研究，最后从农户和金融机构联立角度分析，对农村土地产权抵押融资模式运行效果进行评价。具体研究方法如下：

（1）案例分析法，从制度设计、运行机制和试验绩效方面对宁夏平罗农村土地产权抵押融资模式这一典型试验案例进行全方位的梳理，归纳出政府主导型的农村土地产权抵押融资模式的利弊优劣。

（2）农村土地产权抵押融资市场需求主体方面，运用 Logit 模型对农户参与意愿的影响因素进行分析，将参与意愿的影响因素分为农户特征、家庭特征、社会资本和金融环境四个评价指标体系，同时运用 O－Logit 模型对参与农地抵押融资业务的农户进行满意度分析，依据美国顾客满意度指数模型（ASCI）将参与农户的满意度具体划分为农地抵押质量感知、农地抵押服务感知和农地抵押价值感知三个维度。

（3）农村土地产权抵押融资市场供给主体方面，首先运用数据包络分析法（DEA）对金融机构开展农村土地产权抵押融资业务的经营效率进行分析，运用 Logit 模型对金融机构信贷人员参与意愿的影响因素进行分析，将参与意愿的影响因素分为贷款对象、抵押物和金融环境三个评价指标体系。

（4）运用 Heckman 三阶段模型对宁夏平罗农村土地产权抵押融资模式运行效果进行评价。该方法首先从农户需求角度划分为是否申请农户两类，再从金融机构供给角度对申请农户划分为是否发放贷款两类，通过 Probit 模型测算出两组农户各自的逆 Miss 比率序列，并从中选取申请农地抵押贷款且不受贷款约束农户的逆 Miss 比率序列，通过 OLS 模型测算出该类农户的理论需求值，并与真实贷款值进行比较，客观评价农村土地产权抵押融资模式的运行效果。

1.5 创新之处

根据现有供求视角的研究思路和研究内容，本书的创新之处有以下几点：

（1）在农村土地产权抵押融资市场需求主体方面，从多个维度构建农户参与意愿指标体系，在此基础上对参与农村土地产权抵押融资的农户进行满意度评价，弥补了以往研究仅仅考虑参与意愿这一单层面的不足。从研究来看，受访农户参与意愿随着农户兼业程度的增加而递增，运用 Logit 模型分析发现年龄、文化程度、离农率、机构信誉和开展业务态度因素影响显著；将美国顾客满意度指数模型（ASCI）运用于农村土地产权抵押融资模式的满意度评价，从农地抵押质量感知、农地抵押服务感知和农地抵押价值感知三个维度构建满意度评价指标体系，运用 O－Logit 模型分析发现抵押资金用途限制、还款方式、还款期限、办理流程、评估价值、资金满足程度和资金解决困难对参与农户满意度评价影响显著。

（2）在农村土地产权抵押融资市场供给主体方面，从对参与金融机构数据分析中发现，当地缺乏良性的农地市场竞争机制，农村商业银行占据 90% 以上的市场份额。在分析开展农地抵押金融机构经营效率的基础上，深入剖析了机构人员的参与意愿，从而在研究农地抵押供给问题上有新的视角。运用 DEA 模型对金融机构经营效率分析发现其效率值呈现下降趋势，这主要是因为农地抵押业务收入占机构总收入比例较低所致。构建机构人员参与意愿影响因素指标体系，运用 Logit 模型分析发现贷款对象的家庭收入、贷款记录、土地规模、土地确权和风险补偿帮助程度以及土地处置难易程度因素影响显著。

（3）在农村土地产权抵押融资模式运行效果方面，区别于以往从贷款规模和笔数的供给视角评价运行效果，以供求相结合的视角量化参与农地抵押农户的资金满足程度，提出了较为准确的判断依据。研究结果发现农地融资可得性随农户兼业程度的增加而递增，但是获得足额农地融资的农户却随着兼业程度的增加而递减，运用 Heckman 三阶段模型将农户划分为是否申请和是否获得机构贷款两类，农地抵押能够满足当地农户 68.17% 的融资需求，作用效果明显。

（4）在农村土地产权抵押融资模式优化方面，基于相关实证分析和其他地方相关经验借鉴的基础上，认为当前政府主导型的融资模式组织成本较大，缺乏可持续性的市场机制。因此构建出以市场主体参与为主、政府支持为辅的“政府+市场”农村土地产权抵押融资模式目标，围绕该目标的实现具体提出需要从促进相关法律法规修订、引入第三方农村土地产权价值评估机构、加大农村土地产权风险防范力度、培育和规范农村产权流转市场、健全农村社会保障制度和引导相关机构进入农地金融市场的政策建议，具有一定决策参考价值。

第二章　农村土地产权抵押融资模式理论基础

本章在对农村土地产权概念和研究范围界定的基础上，对农村土地产权抵押融资的必要性和可行性进行分析，并从农村土地产权抵押融资模式构成主体以及运行效果所涉及的相关理论方面进行综述，在此基础上构建了本书理论分析框架，为研究宁夏平罗农村土地产权抵押融资模式奠定理论基础。

2.1　概念界定及研究范围

2.1.1　农村土地产权的界定

农村土地产权指以土地所有权为核心，以土地使用权为主要内容的一切关于农村土地权利的总和，在我国目前实行的家庭联产承包责任制框架下，农村土地产权主要是指农村土地承包经营权。学术界关于农村土地承包经营权的含义有不同的观点：丁关良（1999）认为农村土地承包经营权是指法人、其他组织和公民等一切农业生产经营者，依照承包合同取得的对农村集体所有或者国家所有而由全民所有制单位、农村集体所有制单位使用的土地、森林、山岭、草原、荒地、滩涂、水面占有和从事农业生产经营活动并获得收益的权利；梁慧星（2000）将农村土地承包经营权界定为农地使用权，他认为农地使用权是指农业经营者在农村集体经济组织所有或者国家所有但由农村集体经济组织长期使用的土地上进行耕作、养殖或畜牧等农业活动的权利组合；魏振瀛（2002）则认为农村土地承包经营权是指承包个人或单位因从事种植、林业、畜牧业、渔业生产或者其他生产经营项目而承包使用、收益集体所有或者国家所有的土地或者森林、山岭、草原、荒地、滩涂、水面的权利；程宗璋（2002）认为土地承包经营权是指农业承包经营者根据承包经营合同依法取得的，对集体所有或国家所有的由集体经济组织长期使用的耕地、林地、草地、滩涂、水面等自然资源所享有的占有、使用和收益的权利。

通过以上学者的表达方式对比可以看出，他们只是对农村土地承包经营权的名称和承包经营领域阐述不同而已，本身概念的表述实质上并不互相冲突。2007 年施行的《物权法》是我国第一次以法律形式对土地承包经营权做出明确界定，该法认为土地承包经营权是指依法对其承包经营的耕地、林地、草地等享有占有、使用和收益的权利，并有权从事种植业、林业、畜牧业等农业生产（钟远平，2007）。农村土地承包经营权是在我国特殊的社会制度下产生的特殊概念，根据前面相关学者的观点并结合《物权法》的定义，笔者认为农村土地承包经营权是指农民、集体在法律规定和合同约定的范围内对于集体所有或者国家所有但由集体所有制单位使用的土地占有、使用和收益的权利。它包括承包权和经营权两部分，承包权是农民特有的权利，而经营权则包括农民对土地的经营权和第三方受让人对土地的经营权。

2.1.2 研究范围

本书研究对象是当前宁夏平罗农村金融市场上试行的农村土地产权抵押融资模式，由于各地经济发展情况差异、土地产权抵押模式的类型和农户对土地产权抵押的认知不同，开展抵押融资的农村土地类型有所差异。为了使研究更加具体明确，通过前面相关概念的界定，以及 2014 年中央一号文件所提出的农村土地所有权、承包权和经营权“三权”分离的概念，本研究中的农村土地产权抵押主要是指农村土地耕地类型的经营权抵押，其中集体所有并被农户承包经营的养殖水面等土地类型均不在研究范围内。同时宁夏平罗试行的农村土地产权抵押融资中会涉及宅基地等建设用地类型的抵押融资，为更加详细地了解当地土地产权抵押融资模式具体细节内容，在本书中会稍加介绍，但不会成为讨论重点，在后面章节中统一用农村土地产权抵押来代替农村土地经营权抵押这一称谓。

2.2 农村土地产权抵押融资必要性与可行性

2.2.1 农村土地产权抵押融资必要性

我国作为一个农业大国，农村金融市场的发展在直接影响农村地区经济的同时，也影响着国家宏观经济发展。长期以来，我国农村资金通过不同渠道流出，导致农村贷款资金远远低于储蓄资金，前面介绍2000年农村贷款为6 549.70亿元，农村储蓄存款达到12 355.30亿元，存贷差额达到5 805.6亿元；2013年农村贷款为85 778.29亿元，而农村储蓄存款已达到106 287.12亿元，差额为20 508.83亿元，差额增长幅度已达到253.25%。随着我国农业生产方式向现代化转型的不断加速，农村社会经济发展需要大量资金支持，作为农村金融市场参与主体的农户和涉农中小企业的资金需求量逐步扩大，需求范围也进一步拓宽，但由于农村资金的大量外流，其资金需求难以得到有效满足。根据中国银监会颁布的农村金融服务图集数据计算得出，在涉农中小企业方面，2008年末全国金融机构对中小企业贷款余额为25 880.13亿元，有351.0718万家的中小企业获得贷款，2009年相关数据分别是51 129.8亿元和290.1614万家。相较于2008年，2009年在贷款额度上有所增加，但是获得贷款的中小企业数目却在减少，贷款额度的增加表明农村中小企业融资需求得到改善，企业数目的减少又说明覆盖率没有得到有效缓解，表明资金有向部分中小企业集中的趋势；农户方面，2008年全国农户贷款额度为25 083.09亿元，获得贷款的农户为7 381.96万户；2009年相关数据分别是25 572.60亿元和7 725.97万户，同时近几年来相关数据显示农户获得贷款数目大体上维持在全国贷款余额的5.1%。由于农村金融市场的不健全，市场参与主体的信贷需求并未得到有效满足，融资难、抵押难和担保难的问题依旧突出。

农村土地产权抵押融资的必要性在于当现有农村金融制度安排和体系难以改善农村地区供求不匹配的现状时，就应该考虑并探索合理有效的途径来化解这一困境。农地金融作为农村金融市场发展新的生长点，农村土地产权抵押融资模式的试点推行作为盘活农村土地资源和改善农民生产生活条件的重要融资方式，有助于解决农户和涉农中小企业生产经营资金困难。农村金融市场参与主体的资金需求得到满足就意味着推动农村经济发展的信贷需求主体利益的实现，而利益的实现能够激发其生产积极性，使规模化生产经营成为农村经济发展的主要形式，进一步推动农业生产方式的转型，在提高资源利用效率的同时实现农村金融与“三农”的共赢发展。

2.2.2　农村土地产权抵押融资可行性

对于农村土地产权抵押融资的可行性，相关学者主要在两个方面有着争议：一是农村土地所有权归集体所有，土地抵押融资存在法律障碍；二是农村土地特别是耕地当前还发挥着重要的社会保障功能，违约风险会影响农户生存，同时还关系着国家粮食安全大局，影响着国家土地资源战略，在执行层面上来讲也存在较大难度。基于当前农村经济发展加快，融资需求量增加，国家也出台了一系列相关政策文件鼓励赋予农户对土地更多的处置权，特别明确了对农户承包土地的融资功能，同时也结合当前土地融资争议采取相关措施。

农村土地制度的总体目标是在兼顾公平与效率的前提下提高农地资源配置效率，那么农地产权是其基础，我国 2008 年的中央一号文件明确指出要“加快建立土地承包经营权登记制度，确保农村土地承包经营权证到户”，科斯指出由于市场交易成本不为零，不同的初始产权安排会产生不同结果的利益分配，法律以及相关制度对产权的界定和安排就显得至关重要，产权清晰对社会生产经济活动中优化资源配置和提高经济效率有着十分重要的作用。通过产权界定可以明晰农村土地的产权关系和规定农地使用权的内涵，我国与土地私有化国家的农地金融制度最重要的一个区别就在于用土地经营权而不是土地本身作为抵押标的物，土地的基本制度依旧没有发生改变，其所有权仍然属于农村集体所有，并且用于抵押的农地绝大多数只能在集体范围内流转，对农户的正常生产生活不会造成较大影响。通过对土地颁证确权，使得农户拥有对承包土地的绝对使用权，当土地被征收时还可以依法获得相应赔偿，农户作为土地使用主体拥有的承包权、经营权等各项权利同样具备了排他性，这有利于减少土地外部性问题对农户的经济决策行为所产生的干扰。马克思指出产权是通过法律相关规定具体表现所有制关系的一组权利束，各项权能的分割使具有不同需求和知识水平的人能够将某项资产投入到所发现的最有价值的生产上，从而提高资产的利用效率。对农户进行颁证确权后，农户就拥有了土地的承包经营权，同时农户用土地的经营权进行抵押融资，这就体现出土地产权的可分割性，为农村土地产权抵押的可行性提供了先决条件。

农村土地产权的界定一方面维护了广大农户的合法权益，使得交易成本或收益外部性问题内部化，从而改善土地利用结构和优化土地资源配置效率。同时国家也出台一系列政策文件鼓励农户以土地的经营权向金融机构进行抵押融资，从而打破固有的法律限制，农地金融的作用也开始得以体现，这能够有效缓解当前农村地区抵押难、融资难和担保难的问题。

2.3　理论依据

2.3.1　农村土地产权抵押融资市场需求主体

2.3.1.1　需求主体类型

农村土地产权抵押融资作为缓解农村融资难、抵押难和担保难而创新的农村金融产品，农村金融市场需求主体主要包括农户和较少的涉农企业，根据农户自身家庭经营方式和收入来源占比的不同，具体是指从事农业的同时从事非农产业并从非农产业获得相应收入的程度，一般用非农产业收入占家庭总收入比重来表示（陈晓红，2006）。农户类型可以细分为纯农户、一兼农户和二兼农户三种类型，小于10%的农户为纯农户，10%～50%为一兼农户，超过50%的农户为二兼农户（张忠明和钱文荣，2014），作为市场需求主体的农户会在权衡相关交易成本的基础上确定农地抵押融资的消费量。

2.3.1.2　决定市场需求主体参与的要素分析

学者认为消费者会考虑到自己所得水平以及产品价格，并通过个人的品味和偏好做出合理的决策行为以获得最大利益与满足，因此相关学者常以效用作为衡量消费者行为的基础。效用函数表示在约束条件下的收益最大化问题，消费者选择目标可以被分为若干消费束，当任何两个商品消费束对于消费者而言是无差异时，说明消费者对任何一种商品束的偏好不会超过另一个，反之消费者则会产生选择行为偏好。早期关于消费者行为研究是基于经济学的理论，认为以追求利益最大化为基础的消费者是理性决策者，消费者对商品的评价通常也是以自身满意度作为评价标准。随后部分学者认为作为市场需求主体的消费者在很多的情况下会出现冲动性的购买，他们认为这是因为消费者在决策的过程中通常只能获得部分的信息，不论是信息途径还是信息的数量和质量，在现实条件中会有许多因素干扰消费者。Engel提出的消费者行为理论是目前较为系统和完备的模式之一，该理论认为消费者行为包括购买决策和购买行为。购买决策是指消费者在消费商品和服务之前所产生的心理活动和行为倾向即消费意愿；购买行为则是在购买决策即消费意愿产生后的具体实施过程。购买决策和购买行为在现实消费活动中是相互渗透、相互影响、连贯统一的。

市场需求主体（农户）在决定参与农地产权抵押融资业务时，他们通常也会比较其交易成本和最终所得到的相关利益大小，若农户通过比较发现参与农地产权抵押融资业务能够给自己带来最大的利益满足，或者是在同等的利益满足下自己的交易成本最小，那么农户就会选择农村土地产权抵押融资业务。杨希等（2015）在对农户参与农村土地产权抵押融资业务的效果评价中发现满足资金需要、解决实际困难、政策了解程度和服务满意度等是影响农户满意度评价的主要因素。此外，惠献波（2013）、杨婷怡等（2014）、于丽红等（2014）学者研究认为，影响市场需求主体的参与因素可以分为个人因素、心理因素和外部环境三大类因素，其中个人因素包括年龄、性别和收入等，心理因素包括对农地政策认知、对金融机构评价好坏等，外部环境因素则包括家庭成员是否担任村干部等。

2.3.2 农村土地产权抵押融资市场供给主体

2.3.2.1 供给主体类型

农村金融是为满足农村不同资金需求而进行的资金融通活动，包括为农村经济发展提供货币资金等所有经济活动的总和，农村金融市场供给主体既包括监管范围内的正规金融机构，还包括处于监管范围外的民间金融即非正规金融。农地金融作为农村金融的一部分，同样也是为满足农村不同资金需求进行的资金融通活动，农村土地所有权归集体所有，承包经营权归农户所有又使得农村土地产权抵押融资方式存在着较为特殊的地方，目前只能作为试点运行，这使得开展农地金融业务的金融机构必须是在监管范围内的正规金融机构，非正规金融并不在农地金融市场的供给主体范围内。农村土地产权抵押融资模式市场供给主体具体包括中国农业银行、农村商业银行、中国邮政储蓄银行、城市商业银行等以及后来为降低农村金融门槛允许设立的新型农村金融机构如村镇银行。

2.3.2.2 决定市场供给主体参与的要素分析

金融机构的产品供给水平和业务结构调整主要取决于其供给能力，而供给能力又与自身所具备的社会储蓄能力、资金配置能力、投资决策能力以及对金融产品的风险管理水平等息息相关，因此金融机构业务经营效率的高低是其作为衡量参与的主要标准，金融机构开展融资业务的投入部分通常包括资金额度、人员配备等情况，而产出部分则是以利润为代表，以较小的投入产出较大的效益，金融机构经营效率较高，经营效率高低与资金供给能力、机构运行成本以及业务的扩展规模都息息相关，并能够维持机构的正常运作和机构人员的生存，这也有助于金融机构持续开展相关融资业务。惠献波（2014）运用数据包络分析法（DEA）对河南省开展农村土地产权抵押融资业务的金融机构运行效率进行测度分析发现，金融机构存在技术效率偏低、规模效应尚未充分发挥等问题，应当从加强内部风险控制、扩大银行规模以及提升金融创新能力方面进行改善。

在农村金融市场中，金融机构供给的本质就是以货币资金和有价证券为手段来满足需求者的信贷需求即体现同质性，同时金融机构又可以通过借贷利率水平、期限结构、抵押担保条件等组成不同的借贷组合即体现异质性。只有当农村金融供给主体所提供的金融产品与服务的水平和结构与需求主体互相匹配时，农村金融业务交易量才会迅速提升，从而有效促进农村金融的快速发展，也就是说金融机构所设计推广的金融产品必须满足市场需求主体的相关属性要求才行，同时金融机构在设计金融产品之初必定是从自身利益进行考虑。由于农村土地产权抵押融资的特殊性，它在很多情况下是由政府主导推动的，金融机构在很大程度上也丧失了控制金融产品的主动性，因此农村土地产权抵押融资模式中相关要素条件同样也会影响金融机构的参与意愿。王兴稳和纪月清（2007）认为当农户土地的使用权限到达一定年限后，土地制度处于何种状态都不会对土地作为抵押物产生影响，金融机构接受土地作为贷款抵押物的标准是自身价值能够大于某个阈值。兰庆高等（2013）通过对辽宁省法库县基层农村信贷员调查发现，农村土地生存保障功能强、权利赎回难度大等原因使得金融机构筛选和监督农户变得更加困难，阻碍了金融机构开展土地经营权抵押贷款的积极性。黄惠春和李静（2013）通过实证分析发现，机构参与农地抵押的影响因素依次是贷款经营项目、产权的稳定性和农地产出经济价值。

2.3.3 农村土地产权抵押融资模式运行效果

西方学者通过相关论证认为金融制度与经济发展二者之间是不断相互促进和制约的关系。罗纳德·麦金龙（Mckinnon，1973）认为完善的金融制度能够有效引导社会储蓄资金向生产性投资领域流动，随着国民收入提高促进经济发展的同时又增加了对经济供给主体金融服务的需求，从而形成金融与经济两者之间的良性互动。但这是以发达国家为研究对象，事实上这不能解释发展中国家金融发展所面临的问题，为了确保国内经济的平稳快速增长，绝大多数发展中国家会实行严格的利率和外汇管制政策，以牺牲金融自由发展为代价换取经济增长，由于金融与经济互相制约，从而形成恶性循环：当金融制度落后缺乏效率时，便无法对社会储蓄资金实现最优化的配置，从而制约本国经济的发展，而经济发展缓慢势必会影响社会资本的积累和经济主体的生产投资活力，从而减少对供给主体金融服务的需求。长此以往便会导致金融市场的失灵，而这种现象在农村金融市场中表现更加明显，一方面农户和涉农企业的信贷需求是小额的、短期的，虽然农村金融需求总体规模较大，但由于农户和涉农企业数量多使得平均借贷规模较小，外加农业的弱质性、农业的自然风险和市场风险较高以及缺乏有效的抵押担保品，导致金融机构对农户和涉农企业的交易成本和信贷风险也随之增加；另一方面随着金融机构不断撤并网点，农村金融市场的垄断程度呈现集中化趋势，垄断市场的利率水平远远高于竞争市场的均衡利率水平，农户和农村中小企业等弱势群体需承受过高资金成本的信贷供给。为了解除发展中国家特别是广大农村地区的金融抑制，实现金融发展自由化的目的就必须进行金融创新。

金融创新是对金融领域的制度、服务和产品等一切创造性活动的总称，为了达到增加交易手段、防范金融风险和实现利率最大化目的，会因为国家经济发展水平的不同而导致内容有差异。我国属于发展中国家，经济发展水平与欧美国家有所差距，农村经济发展水平低下，当前我国农村金融创新包括制度、产品和服务三个方面：农村金融制度创新主要通过农村金融活动和农村金融市场的有效动作，通过改变现有农村金融市场交易的载体、流程和形式，达到规范农村金融市场活动，促进公平运作的目的；农村金融产品创新主要是为改变当前农村产品单一格局，促进金融产品的多元化，通过产品多元化来满足多样化的农村金融市场需求，同时也能提高农村金融机构的收益盈利和风险规避能力；农村金融服务创新主要是能够拓展金融机构的发展空间，通过进一步扩大和深化需求创新服务模式，提高公众对机构的好感，达到提高农村金融机构运行的有效性。目前来看我国农村金融主要还是从产品和服务创新两方面在进行尝试，在制度创新方面涉及较少。农村土地产权抵押融资正是为缓解广大农村地区抵押难、融资难和担保难而进行试点推行的金融产品创新。

已有评价农村土地产权抵押融资模式运行效果通常是以金融机构发放的贷款规模大小作为评价标准，在多大程度上缓解了金融机构对需求主体的融资约束。如福建三明市截至2009年8月，累计发放农村土地经营权抵押贷款601.9万元，涉及流转土地6 736.9亩（陈志扬等，2009）；湖南省开展农村土地产权抵押融资试点以来，截至2014年3月末，全省共13个县累计贷款余额为9 566万元，同比增长1.2倍；浙江宁波自2009年4月推出农村土地产权融资业务以来，截至2014年5月，已有2 964户农户获得贷款，累计发放贷款3.86亿元（程郁等，2014）；宁夏同心农村土地产权抵押融资模式中农户抵押土地5.3万余亩，涉及5个乡镇37个行政村的6 500余户农户获得贷款，累计贷款规模达到2.2亿元（罗剑朝等，2014）。已有成果都是从数据总体上进行分析，农村土地产权抵押的最终目的是缓解广大农村地区农户的融资难、抵押难和担保难的问题，对于农村土地产权抵押融资模式的运行效果就需要在此研究的基础上进一步分析农户的具体融资满足程度。

2.4 农村土地产权抵押融资模式理论分析框架

农村土地产权抵押融资是在现有家庭农村土地联产承包责任制的基础上进行的农村金融产品创新，它遵循现有的农村土地制度并利用农村土地这类农户资产进行抵押贷款，为广大农户提供更好的金融支持。当前实行家庭农村土地联产承包责任制，土地所有权属于国家或集体，农民仅仅拥有土地承包经营权。土地承包经营权看不见、摸不着，金融机构并不能在毫无依据的前提下以土地为抵押物向农民发放贷款，因此就必须给农民进行确权，颁发农村土地承包经营权证，通过明确的产权界定给农地抵押提供必要的基础条件。

农村土地产权抵押作为一种创新的农村金融产品，是由政府主导推广，参与主体主要来自市场供给主体金融机构和市场需求主体农户。不论是金融机构还是农户，作为农村土地产权抵押金融产品的消费对象，它们都属于“理性经济人”，并且都以效用最大化为前提条件。因此政府在推广农村土地产权抵押融资时，必须充分考虑金融机构和农户的需求意愿，在此前提下才能最大限度地满足双方需求；另外金融机构和农户互相影响，正是农户有了融资需求，才促使金融机构提供农村土地产权抵押金融产品，同样金融机构提供该类金融产品能够满足农户的融资需求时，农户便不再对农村金融产品产生新的需求，通过双方相互影响，最终达到一种相对均衡状态。

农村土地产权抵押的最终目的是缓解农村抵押难、融资难问题，它的直接效果是农户获得贷款，在多大程度上满足了农户的融资需求。绝大多数学者都是从农户角度分析需求影响因素和满意度来研究农村土地产权抵押，事实上农村土地产权抵押作为特殊的农村金融产品，对金融机构供给方的研究同样不能忽略，仍然需要从供给角度分析机构影响因素和业务的开展效率。金融机构本身就是资本逐利，当该金融产品不能给其带来收益即未达到效用最大化时，金融机构便会有选择性地开展该项业务。因此本书对农村土地产权抵押融资模式研究过程中，从市场供给和需求两个角度进行分析，并根据农村土地产权抵押融资模式运行效果找出现有模式中所存在的问题与不足，在此基础上进行模式优化。根据以上分析，农村土地产权抵押融资模式的研究理论框架如图 2－1 所示：

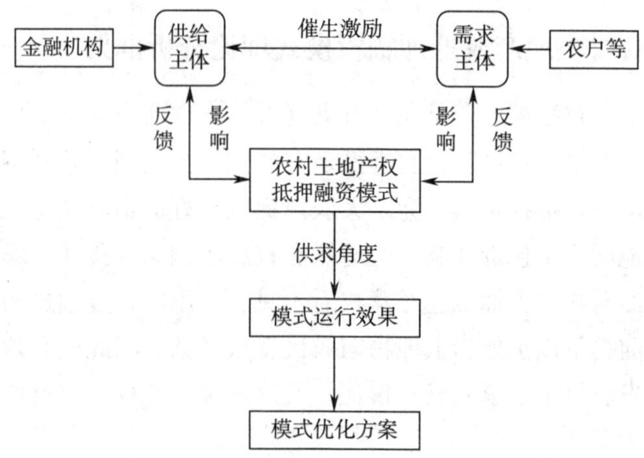

图 2－1　农村土地产权抵押融资模式研究理论框架

2.5　本章小结

本章在对农村土地产权概念和研究范围界定的基础上，再从农村土地产权抵押融资的必要性与可行性方面进行分析，最后对农村土地产权抵押融资模式构成主体以及运行效果所涉及的相关理论进行综述。其中农村土地产权抵押的基础是要有明晰的产权界定，融资模式中的参与主体农户和金融机构则会涉及行为理论和效用理论，最后的融资模式效果包括金融抑制和金融创新理论，在此基础上构建了本书的理论框架。

第三章 宁夏平罗农村土地产权抵押融资模式现状、特征及存在问题

基于前文分析框架，本章将从宁夏平罗农村土地产权抵押融资模式的建立条件、操作流程和运行情况方面进行全方位梳理，并在此基础上对政府主导型的农村土地产权抵押融资模式运行特征以及所存在的问题进行归纳总结，为进一步完善农村土地产权抵押融资模式提供相关依据。

3.1 宁夏平罗农村土地产权抵押融资模式现状分析

3.1.1 农村土地产权抵押融资模式建立条件

3.1.1.1 当地自然条件相对较好，农村经济发展较快

平罗县位于银川平原北部，距首府 50 公里，是石嘴山市唯一的建制县。区域面积 2 251.6 平方公里，其中耕地面积 82.18 万亩，可利用荒地 113.49 万亩，2014 年总人口达到 31.62 万人。2010 年中国人民银行、银监会、证监会和保监会联合印发《关于全面推进农村金融产品和服务方式创新的指导意见》（银发［2010］198 号），要求金融机构在城镇化和农业产业化程度较高的地区积极开展农地抵押贷款试点。近年来平罗经济发展迅速，2014 年经济生产总值达到 132.9421 亿元，其中第二、第三产业收入比例占当地总产值的 87.28% 左右，县域经济综合实力排名西部第 60 位，农民人均纯收入更是超过万元大关，其中 40% 左右来自非农产业的收入。由此可见平罗当地具有较好的区位优势，家庭兼业程度类型较为普遍，辖区内非农产业发展迅速，人均耕地面积较大，这些都非常符合相关指导意见所提出的要求，有利于农村土地产权抵押的开展。

3.1.1.2 城镇化进程加快，农村剩余劳动力转移增加

平罗政府根据区域经济发展建设新型示范社区，打破了村与村原有的界线，截至 2014 年底，政府已将原有的 1 058 个村庄合并为 400 个左右，采用分期分批逐步改造的方法已经建成“市场带动型农民新型生活方式示

范区”25 个，通过村庄的合并使得土地利用更加合理。新型示范社区的建立使得农民可以根据市场信号迅速调整农业结构和农业集约化经营，从而更好地发展现代农业生产，让农民直接参与到现代农业生产、加工和流通的一体化进程中来，另外通过现代农业结构调整释放了农村剩余劳动力，促进了部分劳动力转移，使得转移劳动力的耕种土地意愿降低。随着平罗市场经济推进和城镇化步伐加快，农户的身份属性不再单一和稳定，农民进城务工、经商兼业家庭类型较多。对于务工农民来说，常年远离农村，务工收入已成为其主要的收入来源，无暇再顾及自身承包地的利用，人地分离的现实亟须流转农地来增加财产性收益。出于当地流转市场不完善而不能有效流转土地，同时为了防止在城里失掉工作回到农村还有着可靠的生计来源考虑，土地被抛荒的现象十分严重。2004 年以前全县抛荒土地为 8 000 多亩，之后农民开始自发地流转土地，2004 年和 2005 年两年全县农民自发流转土地面积达到 1.98 万亩和 2.19 万亩（王永舵，2013）。近几年农村城镇化进程的加快和进城务工农民的增多，农村劳动力非农就业比例持续增加，据统计 2014 年当地农业人口是 22.66 万人，占总人口比重的 71.6%，其中有 57.2% 的人口不同程度地从事非农行业，该水平远远高于宁夏全区的平均水平，非农行业参与程度的增加使得农户对土地社会保障功能的依赖程度随之降低，农民流转土地的愿望比较强烈。另外平罗于 2006 年就将年人均收入低于 683 元的农户全部纳入农村最低生活保障范围，在一定程度上保障了低保农户的基本生活，张龙耀和褚保金（2010）指出城镇化能够进一步提升农村资产价值，完善的农村社会保障体系可以替代土地承担的社会保障功能，因此城镇化和完善的农村社会保障体系是农村资产抵押必须具备的客观基础。

3.1.1.3　国家地方政策大力支持

平罗于 2011 年底被国家农业部确定为农村改革试验区，主要承担农村土地承包经营管理制度改革实验任务。试验区批复以来得到当地政府的高度重视，2012 年初中国人民银行银川中心支行货币信贷工作会议明确指出要抓住平罗县被农业部列为农村土地经营管理制度改革试点县的有利机遇，以石嘴山市中支为试点行，把农村产权抵押贷款试点工作作为货币信贷的重点创新工作。2012 年 10 月 20 日当地启动农村土地产权抵押融资业务，组成改革试验工作领导小组并召开改革试验工作推进会议，有力地推进改革试验工作的进程，在充分借鉴国内先进地区的做法上，通过深入调研并结合平罗县实际情况，中国人民银行平罗县支行根据相关政策要求，在不改变土地集体所有的性质、不改变土地用途、不损害农民利益“三不”原则的基础上研究制定《金融支持平罗县农村土地经营管理制度改革实施方案》、《平罗县农村土地承包经营权和宅基地使用权抵押贷款指导意见》和《农村土地承包经营权和宅基地使用权抵押贷款风险防范和处置预案》。2014 年上半年，人行平罗县支行经多次组织辖区涉农金融机构召开联席会议，研究制定《平罗县农村房屋所有权抵押贷款管理办法》，并于 8 月举办了农村“三权”抵押贷款推进会暨农村房屋所有权抵押贷款现场签约仪式，辖区七家涉农金融机构已完成新产品的开发，制定了各自的农村土地产权抵押贷款管理办法。

2015 年 5 月 25 日由全国人大常委会审议相关决定草案，拟授权平罗等 33 个试点县（市、区）行政区域，暂时调整实施土地管理法，集体经营性建设用地入市、宅基地管理制度的有关规定，明确在符合规划、用途管制和依法取得的前提下，允许存量农村集体经营性建设用地使用权出让、租赁、入股，实行与国有建设用地使用权同等同市、同价同权。农村土地产权入市交易有望盘活巨大的农村资产，虽然在草案中明确指出是农村集体经营性建设用地类型，但也迈出了农地金融融资最重要的一步。

3.1.2 农村土地产权抵押融资模式操作流程

3.1.2.1 农村土地产权确权

2011 年 5 月由国土资源部、财政部和农业部联合发文《关于加快推进农村集体土地确权登记发证工作的通知》（以下简称《通知》）要求“各地要认真落实中央 1 号文件精神，加快农村集体土地所有权、宅基地使用权、集体建设用地使用权等确权登记发证工作，力争到 2012 年底把全国范围内的农村集体土地所有权证确认到每个具有所有权的集体经济组织，做到农村集体土地确权登记发证全覆盖”。平罗县按照试验区总体要求，通过明确农村集体土地所有权、农村集体建设用地使用权、农村集体荒地使用权、农村土地承包经营权和农民房屋所有权，核实并颁发农村土地承包经营权证、集体荒地承包经营权证、房屋产权证和宅基地使用权证四个证书的基础上，以保障农户权益为根本、盘活农村资源为方向、推进现代化农业发展为目标，在明晰农村产权、创新经营管理机制等方面积极探索、先行先试，取得了初步成效。在充分尊重农户主体地位的基础上，通过对农村土地产权的确权登记强化了农户对土地的处置权，使得广大农户能够切身地参与到农村土地经营管理制度改革进程中来。目前当地农村土地确权工作已经全部结束，共累计完成 93.8 万亩集体土地确权，其中包括 53.7 万亩的农户二轮承包土地面积和 40.1 万亩的村集体荒地面积，另外还确权了 3.1 万亩的宅基地面积。其中农户土地承包经营权具体确权方法如下：

将农户依法获得的土地承包经营权，以二轮土地承包合同为依据确权给农户。通过对农户承包土地的面积、位置、用途、土地类型和承包关系全部落实到户并颁发权属证书，做到证、账、簿、地“四相符”。对面积不符的，以二轮土地承包面积为准，因农田建设等其他原因征占的二轮土地承包地且没有补偿或实际面积小于二轮土地承包地面积但农户有开垦地的，可从其他开垦地中补够二轮土地承包地。存在以下情况的不予补偿：一是二轮土地承包地征占已补偿的；二是改变农业用地用途的。对多出的土地面积，按农户开垦的集体荒地登记。对长期在外居住，土地流转给他人的，权属确权给原承包户。乡村集体所有的农场、果园、打麦场及所有农村小学的地要分别确权给乡村集体。对坐落不清无法辨认的，采用农户认可的简便易行的方式确认地块。对由于土地承包时因土地类型差异进行折算的，尊重已经形成的事实，按折算前的面积进行确权，但必须在承包合同上注明多出二轮承包地的折算面积，坚决杜绝以折算方式将农户开垦的集体荒地变相确权为二轮承包地。为解决历史遗留问题，在剥离时要尊重历史事实，合理处理沟、渠、路、植树等占地问题，在补足农户二轮承包地面积的前提下，适当增加二轮承包地面积，但此次确权给农户的二轮承包地面积不得超出原二轮承包地面积的 20%。有下列情形的将不予颁证：未经村集体经济组织同意，私自通过买卖将土地经营权和使用权转让给他人，在确权登记颁证公告发布 1 个月内仍不提出申请的，其土地使用权由所在村委会收回，重新与现经营人签订土地承包合同，但不予确权颁证；自愿申请放弃土地承包经营权的；二轮土地承包合同中的承包土地被国家建设征用的，确权登记证时按实际面积核销；全家迁入社区的并且转为非农业户口的，应当将承包的耕地交回村集体经济组织，如果愿意继续耕种，必须要和村集体经济组织签订协议，但不予确权；未经村民委员会或上级部门批准，私自改变承包地农业用途的（具体流程见图 3－1）。

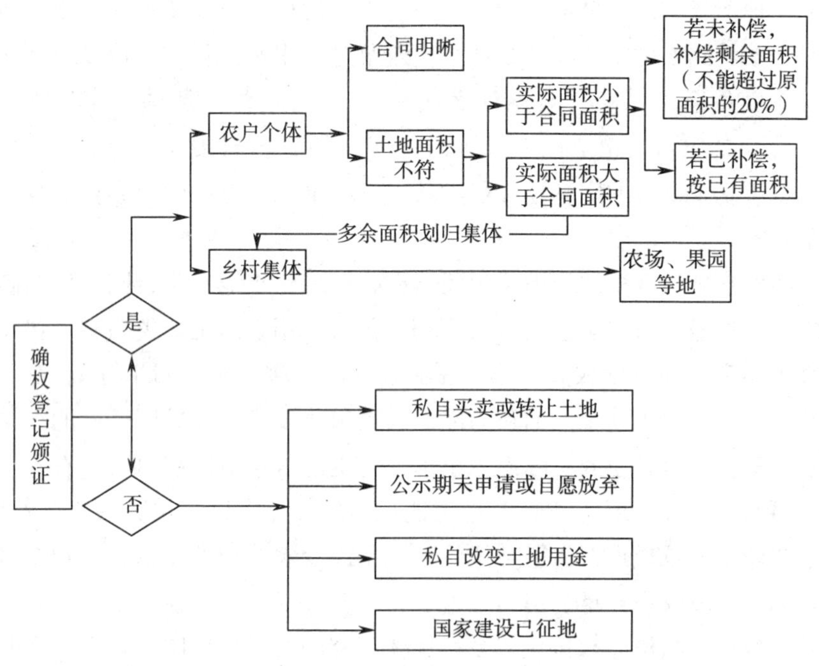

图 3－1　宁夏平罗农村土地产权确权流程

土地确权是土地权属管理的核心内容，农户的土地承包经营权可以通过颁发确权证书具体固化到所承包的土地上，使得农户、村集体和地方政府三者中有关土地产权的行为边界问题得到清晰界定，保障了农户土地承包经营权的稳定性与长期性，从而有效保护农民的合法权益，避免因土地权属不清所带来的争议问题。农户享有政策规定集体土地 30 年的承包经营权并受到国家政策和法律的保护，在承包期内任何单位和组织不得以任何名义收回农户的承包土地或者随意改变承包关系。在市场经济条件下，土地承包经营权是一笔有价值的无形资产，该证书能够确保农户在承包期内享有国家给予土地相关的扶农、惠农和支农政策。目前国家政策层面允许和鼓励对农户的土地承包经营权实行有价流转，土地确权是土地流转的基础，当农户拥有权证后就可以此为依据对所承包的土地依法合理流转。土地承包经营权证书是农户对其承包土地拥有承包经营权的合法凭证，通过在证书中确定农户所承包的土地面积、地块和年限，有利于加大农户对承包土地的生产投入力度，提高农业生产水平，同时也避免了随意调整农户承包土地的可能性，维护了广大农户的合法权益。当地正在实施的农村土地经营管理制度改革试验工作，农民土地承包经营权证书抵押融资已得到政府和金融机构的支持，土地承包经营权证书将作为资产进行抵押贷款。因此土地承包经营权证主要体现在维护农户土地承包经营权的维权证书、保护农户承包经营土地合法受益的有价证书、土地有偿流转有效凭证的流转证书、起着保护和稳定民心的承诺证书以及可以用来抵押融资的资产证书五个方面，为农户缓解融资难、抵押难的问题提供了一定权属保障。

此外平罗县还对农村宅基地使用权、农民房屋所有权、农村集体建设用地使用权和农村集体荒地使用权进行确权，总的来说最后农户一般将取得3～4证。一是（二轮）集体土地承包经营权证书；二是宅基地使用权证书；三是房屋产权证书；四是已开垦集体荒地同时又签订承包经营合同并交管理费的农民，还将取得荒地承包经营权证书。但由于本书主要涉及农村土地承包经营权，因此只对其确权方法进行介绍。

3.1.2.2　农村土地产权抵押融资形式与对象

2012年6月，平罗县成立了农村土地经营管理制度改革服务中心，设立了土地流转、产权评估、抵押贷款、农业保险、土地产权纠纷仲裁、农村社会保障、农民进城入镇等服务窗口，逐步推进乡镇（村）土地流转服务规范化建设，为农村土地承包经营权、集体建设用地使用权、集体荒地使用权、农民宅基地使用权和房屋所有权流转提供“一站式”服务，以加快统筹城乡进程，促进现代农业发展，推动社会主义新农村建设。目前平罗农地产权抵押融资主要包括土地承包经营权抵押融资、土地流转经营权抵押融资和宅基地抵押融资三种形式：

（1）土地承包经营权抵押融资。主要是针对未经流转或小规模流转的土地，如个人互换模式（主要是为了解决田块零碎问题，以便于连片集中耕种）、户间转包模式（这种模式主要是流转方不需要或没能力继续耕种土地，将土地转包他人，只获得较少的收益）、家庭内部转让模式（这种模式其实是一种赠予形式，主要在父子、兄弟之间进行）、重新发包模式（由于种种原因，农户将土地上交给集体，由村队重新发包给其他农户）等，由本人或委托代理人凭借土地经营权证办理抵押贷款。

（2）土地流转经营权抵押融资。主要针对经营大户、家庭农场、企业经营、股份合作这四种对象。前面介绍中发现当地土地流转发展较早，目前规模化经营程度已经较高。为适应土地流转规模化程度较高的现状，平罗县创新发放了土地流转经营权证，以便于流转大户等使用土地承包经营权进行抵押融资，发展壮大规模经营。

（3）农村宅基地抵押融资。当地借鉴已有经验将宅基地使用权转换为集体建设用地使用权实现转让或抵押，宅基地使用权人无偿退回宅基地使用权，将退回宅基地使用权作为原权利人申请同等面积、同样位置集体建设用地使用权的条件，并向集体经济组织交纳集体建设用地使用权出让金，集体建设用地使用权出让金参考国有土地使用权出让时补交土地出让金的标准（见表3-1）。

表3-1　　　　农村土地产权抵押融资形式

融资形式	土地类型	具体类别
土地承包经营权抵押融资	农户自身经营或小规模流转的土地	主要包括个人互换、户间转包、家庭内部转让、重新发包等
土地流转经营权抵押融资	大规模流转的土地	主要包括经营大户、家庭农场、企业经营、股份合作等
农村宅基地抵押融资	农户自身宅基地	宅基地使用权转换为经营性建设用地使用权

农地抵押融资对象主要分为以下两类：一是农户个人；二是家庭农场、土地股份合作社、涉农企业。贷款对象为经工商行政管理部门或主管部门核准登记的企事业法人、农民专业合作社或其他经济组织、种养殖大户或其他具有完全民事行为能力的自然人，应符合下列条件：（1）具有完全民事权利能力和民事行为能力的自然人、法人或其他组织；（2）生产经营项目符合国家产业政策和环保政策，同时拥有产品市场和经营效益；（3）有着合法的经济来源，现金流量充足，具备按期偿还贷款本息的能力；（4）资信良好，遵纪守法，无恶意不良信用记录；（5）自有资金投入比例不得低于贷款项目所需资金的50%。当存在无产权权属证明或是权属不清晰、共有人不同意或提出异意、农地产权已流转或租赁尚未到期、产权已经抵押贷款或为他人抵押贷款、贷款未清偿或尚未办理解除抵押手续等情形之一者，都不能参与农地抵押申请（见表3-2）。

表3-2　　农村土地产权抵押融资对象具备条件以及提供材料

具备条件	提供材料
（1）具有完全民事权利能力和民事行为能力的自然人、法人或其他组织 （2）融资项目符合国家政策，并具备产品市场和经营效益 （3）融资对象资信良好，有着合法的经济来源且具有偿还本息能力 （4）融资对象自有资金不低于贷款项目所需资金的50%	（1）若为自有土地，申请者需提供申请书、申请人和配偶身份证、户口簿、婚姻证明以及土地权证等资料 （2）若为流转或出租土地，除提供上述申请书、申请人和配偶身份证、户口簿、婚姻证以及土地权证等资料外，申请者还需提供承包方或发包方同意的书面证明资料

当融资对象申请贷款时，除提供办理一般贷款所需书面申请书、申请人及其配偶的有效身份证件、户口簿、婚姻证明等基础资料外，还需提供以下资料：（1）依法取得的农村土地承包经营权证；（2）发包方同意农村土地承包经营权抵押的书面证明；（3）通过转包、出租等流转方式取得的土地承包经营权抵押时还应提供农村土地承包经营权流转合同，原承包方出具同意抵押的书面证明。抵押融资额度需根据借款人农业生产经营所需资金合理确定，原则上不超过借款人农业生产经营项目所需投入资金的50%，或不超过贷款人认定的流转土地经营权抵押评估价值的50%，最高抵押率为80%。

农户个人申请融资流程：（1）农户个人用土地承包经营权向金融机构申请抵押贷款时，需提交贷款申请和土地承包经营权证等相关证件资料，同时由村委会出具相应意见函。（2）金融机构对所提供的证件资料进行核查，并出具核查报告，向农村土地经营管理制度改革服务中心产权评估服务窗口提出评估申请。产权评估服务窗口组织对抵押物进行评估，并出具评估报告。（3）金融机构根据评估报告核定发放贷款额度，并出具贷款意见书。（4）申请人持融资意见书、经营权证等相关证件资料，到改革服务中心抵押登记服务窗口，办理抵押贷款登记手续。（5）金融机构根据他项权证等相关资料发放贷款。

家庭农场、土地股份合作社、涉农企业融资流程：（1）家庭农场、土地股份合作社和涉农企业等流转主体用流转集体土地经营权向金融机构申请贷款，办理时需提供流转合同、流转经营权证原件、复印件和流转土地原有权人出具的允许抵押担保贷款意见证明等相关证件资料。(2) 金融机构对所提供的资料进行核查，出具核查报告，向农村土地经营管理制度改革服务中心产权评估服务窗口提出评估申请。产权评估服务窗口对抵押物进行评估，并出具评估报告。(3) 金融机构根据评估报告核定发放贷款额度，并出具贷款意见书。(4) 流转主体持贷款意见书、流转经营权证等相关证件资料，到改革服务中心抵押登记服务窗口，办理抵押贷款登记手续。(5) 金融机构根据他项权证等相关资料发放贷款。

为方便办理农地抵押贷款业务，主办金融机构对农地抵押贷款专门开通绿色通道，从贷前调查、贷时审查、贷后检查及抵押担保等诸多环节进行简化，并优先受理、调查、审批，及时发放贷款。其操作流程大致可以归纳为：融资申请与受理—村委会或土地所有权人（出具意见函）—产权评估窗口调查（评估）—金融机构信贷准入（审查、审议）—审核及信贷审批—产权抵押登记窗口抵押登记—金融机构贷款发放与支付—金融机构贷后管理（不良信贷资产处置）—贷款收回（具体流程如图 3－2 所示）。

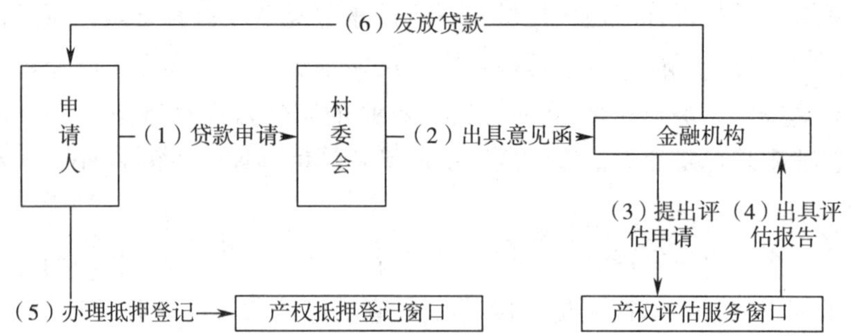

图 3－2　宁夏平罗农村土地产权抵押融资模式业务流程

3.1.2.3　农村土地产权价值评估标准

农村产权评估服务部门的评估标准是根据《关于确定平罗县农村土地承包经营权抵押贷款价值评估基准价格的通知》（平农改办字［2012］50 号），通知中指出将可用于抵押的农地分为农田（旱作区、稻作区）、宅基地两大类，并根据区域划分进行基准价格设定。具体确定标准如下：

(1) 农田。旱作区一类区域：县城以南、京藏高速公路以东、五排以西，每亩 750 元的评估价格；二类区域：京藏高速公路以西至 109 线，五排以东至滨河大道，每亩 650 元的评估价格；三类区域：京藏高速公路以西及滨河大道以东，每亩550元的评估价格。

稻作区一类区域：滨河大道以西至京藏高速公路以东，每亩750元的评估价格；二类区域：京藏高速公路以西，每亩650元的评估价格；三类区域：滨河大道以东，每亩550元的评估价格。

（2）宅基地。宅基地一类区域：城关镇，每亩3万元的评估价格；二类区域：黄渠桥镇、高庄乡、宝丰镇、头闸镇、渠口乡、姚伏镇，每亩2.25万元的评估价格；三类区域：陶乐镇、崇岗镇、灵沙乡、通伏乡、高仁乡、红崖子乡，每亩2万元的评估价格（见表3－3）。

表3－3　　农村土地产权抵押贷款基准价格表

<table>
<tr><th colspan="2">农地类型</th><th>划分区域</th><th>基准价格（每亩）</th></tr>
<tr><td rowspan="2">农田</td><td>旱作区</td><td>一类区域：县城以南、京藏高速公路以东、五排以西；
二类区域：京藏高速公路以西至109线，五排以东至滨河大道；
三类区域：京藏高速公路以西及滨河大道以东</td><td>一类区域：750元
二类区域：650元
三类区域：550元</td></tr>
<tr><td>稻作区</td><td>一类区域：滨河大道以西至京藏高速公路以东；
二类区域：京藏高速公路以西；
三类区域：滨河大道以东</td><td>一类区域：750元
二类区域：650元
三类区域：550元</td></tr>
<tr><td colspan="2">宅基地</td><td>一类区域：城关镇；
二类区域：黄渠桥镇、高庄乡、宝丰镇、头闸镇、渠口乡、姚伏镇；
三类区域：陶乐镇、崇岗镇、灵沙乡、通伏乡、高仁乡、红崖子乡</td><td>一类区域：3万元
二类区域：2.25万元
三类区域：2万元</td></tr>
</table>

资料来源：根据《关于确定平罗县农村土地承包经营权抵押贷款价值评估基准价格的通知》整理得出。

由此可见当地的农地抵押评估标准是根据政府所发的相关文件进行指导的，并没有引入有效的第三方评估机构，当地的评估部门只是根据政府所下发的评估价值指导文件，再按照抵押农地的类型和区域进行评估，具有强烈的政府主导色彩，并没有体现出土地的合理价格。

3.1.2.4　农村土地产权抵押融资利率设置标准

农村土地产权抵押融资属于当地试点推行的“三农”创新金融融资业务，它以缓解农户融资难、抵押难、担保难为主要目的，因此该业务从政策制定到市场推广都有别机构设定的其他贷款业务。中国人民银行平罗支行通过相关政策文件规定无论是经营大户还是普通农户办理农地抵押，其设定利率都是执行统一标准，即农地抵押业务以央行短期贷款基准利率为标准，上调幅度不能超过50%，而其他贷款业务可以根据市场情况上调至80%左右。根据中国人民银行短期贷款基准利率设定情况来看，从2012年7月以来中国人民银行连续四次降低短期贷款基准利率，从6%的年利率下降到现在的4.85%，根据当地政策农地抵押业务上浮不超过50%的规定，各主办金融机构办理相关业务已经从最初的9%年利率下降到7.275%，贷款利率的降低会进一步缩减该业务给金融机构所带来的收入，会在某种程度上降低金融机构开展农地抵押业务的热情①。但对于广大融资农户而言，金融机构贷款业务收入降低的优惠自然会转移到有融资需求的农户身上，贷款利率的下调会降低农户的融资成本，缓解农户的还款压力，相较于金融机构开展业务的意愿降低，农户参与农地抵押业务的意愿反而会进一步加强。不论是政府还是金融机构，农地抵押业务的出发点都是面向农户，然而由于抵押利率的持续下调，金融机构也会有选择性地进行开展。经营能力好、收入高的农村中小企业和经营规模大户必定是金融机构农地抵押业务的首选，而收入低的农户仍然会被有意排除在农地抵押业务之外，这也是制约农地抵押业务以及其他涉农业务在农村广泛推展开来的症结所在（见表3-4）。

表3-4　　农村土地产权抵押融资利率情况统计表

日期	短期基准利率	年利率	月利率
2012.7—2014.10	6%	9%	7.5‰
2014.11—2015.2	5.6%	8.4%	7.0‰
2015.3—2015.6	5.35%	8.025%	6.687‰
2015.7—今	4.85%	7.275%	6.062‰

数据来源：根据宁夏平罗人行资料整理，当地农地抵押贷款业务大多数为一年期，此处短期基准利率只包括一年以内（含一年）。

① 中国人民银行自2015年6月28日起继续下调存贷基准利率，短期贷款基准利率从5.35%继续下调至4.85%，这会进一步缩减金融机构开展农地抵押业务的收入空间，从而加大其开展该项业务的难度。由于当地于2013年开始办理农地抵押业务，在此只考虑引起农地抵押利率变化的相关调整政策。

3.1.2.5　农村土地产权抵押风险防范机制

农村土地产权抵押业务服务于当地农村和农业，面临着较高的自然风险和市场风险，上一小节介绍农地抵押融资利率只能上浮50%，并且央行短期基准利率近三年来持续下调，这对金融机构开展农地抵押的业务收入会产生一定影响，从而影响金融机构开展农地抵押业务的积极性，因此政府的大力支持十分重要。针对这一特殊农村金融业务，当地政府通过建立风险预警与损失补偿机制进行相关风险防范，当地政府注册的风险防范基金为1 000万元，首先支付300万元作为农地抵押融资的风险处置资金，用于先期垫付农地抵押融资到期无法清偿或延期清偿债务，剩余的由政府逐年拨付。按照风险共担的原则，发生农地抵押贷款形成不良债务时，由政府注册风险防范基金承担80%，金融机构承担20%，及时规避了金融部门的信贷风险，提高了金融部门参与农村土地产权抵押融资的积极性。

在农村土地产权抵押融资业务实施方面，总体来说对于农村土地承包经营权、流转经营权抵押贷款额度原则上不超过借款人农业生产经营项目所需投入资金的50%或者是农地评估价值的50%，贷款期限通常为一年，最长不超过3年。宅基地使用权抵押贷款额度原则上不超过贷款人农业生产经营项目所需投入资金的80%或者是宅基地评估价值的80%，贷款期限一般是3年以内，原则上不超过5年。对于农村土地产权抵押融资的还款方式，金融机构都是采用“一年还本，按季还息”的方式进行偿还本息，以当地农村商业银行为例，他们要求在每季最后一个月的28号之前还清相应利息即可。当农户按期还清农地抵押贷款后，若还需要继续进行农地抵押融资时，则无须再次按照贷款流程，只需要与金融机构签订相关合同即可获得农地贷款，简化农户再次申请融资的流程。金融机构向申请农户发放贷款存在以下两种情况，第一种是当农户申请融资在农地抵押率以内（即农户申请贷款额度小于根据相关评估价格折算的农地价值），金融机构对贷款农户采取的是足额借款，通常在办理的1~2个工作日以内即可获取资金，基本上可以做到随到随贷，缩短农户申请贷款时间；第二种是当农户申请融资超过根据评估基准核算的农地抵押价值时，在金融机构同样认为可以向其发放贷款的前提下，就需要相应担保人对申请农户进行担保，一般根据担保人的还款能力确定1~3人即可，对于担保人的职业不设限，只要没有不良信用记录或者以其他抵押物进行抵押。

3.1.3 农村土地产权抵押融资模式运行情况

目前平罗当地参与农村土地产权抵押贷款的金融部门有农业银行、平罗农村商业银行等七家金融机构，截至2014年11月末，农村土地产权抵押贷款余额为2.35亿元，同比增加2.0亿元，增长571%。其中：新型农业经营主体贷款余额0.23亿元，同比增加0.13亿元，增长130%；农户土地产权抵押贷款余额2.12亿元，同比增加1.76亿元，增长了488%。2013年以来累计发放农村土地产权抵押贷款6823笔、3.02亿元，其中：累计发放农业经营大户贷款43笔、0.23亿元，累计发放农户土地产权抵押贷款6 780笔、2.79亿元，约有60%的农户直接通过权证抵押的方式获得贷款。此外平罗农商行给3户农户发放了房屋所有权、宅基地使用权抵押贷款15万元，标志着平罗县农村房屋所有权、宅基地使用权抵押贷款实现零突破。农村产权抵押贷款的大幅投放，为农民生产经营提供了有力的资金支持，拓宽了农村融资渠道①。

3.2 宁夏平罗农村土地产权抵押融资模式特征

3.2.1 政府主导型的农村土地产权抵押融资

目前我国农村土地产权抵押融资模式主要分为政府主导型和民间主导型两大类型。民间主导型较为典型的是同心模式，同心模式中是先由社员组成合作社，农民以自身的部分土地入股成为社员。当农民需要申请贷款时，由合作社和其他社员为其担保，同时金融机构与合作社签订贷款协议并发放贷款。该模式是由农民自身成立土地合作社，然后再通过土地合作社与金融机构发生贷款行为，并非通过政府官方力量推动而产生的借贷行为。平罗当地的做法则是政府通过颁发相关政策文件鼓励金融机构开展农地抵押业务，对办理该业务的客户无论在审批程序还是贷款利率方面都必须按照相关政策规定实行优惠，同样也给予开展业务的金融机构部分财政

① 根据人民银行平罗支行2014年11月《关于平罗县农村产权抵押贷款试验区工作的总结》资料整理。

补贴，因此与同心模式明显不同的是平罗当地是典型的政府主导型农地抵押融资。

3.2.2　以经营权为标的物的农村土地产权抵押融资

平罗当地办理农地抵押融资的首要条件是必须要取得政府颁发的农村土地承包经营权证，当农户（企业）持有政府机构所颁发的确权证书和村委会所出具的同意意见函向金融机构申请融资时，金融机构通过审核发放贷款后，贷款农户（企业）与金融机构之间也就发生抵押关系，这时金融机构作为抵押权人，而贷款农户（企业）则是抵押人。当抵押人没有按时归还贷款时，金融机构就可以用抵押的土地承包经营权证到农村产权交易中心直接进行处置以优先受偿，这个时候农户失去的是一段时间的经营权，而不是承包权，更不会涉及所有权，体现出的是“三权”分离下的以经营权为标的物的农村土地产权抵押融资。只有在农地估值不足的情况下，金融机构才会采取“土地产权＋担保”的组合形式为农户发放贷款，但仍然是以土地产权抵押为主的形式，体现农地经营权作为标的物。其他地方的试点模式中虽然以农地抵押获得贷款，但其并不是以农地经营权为标的物的农地抵押，仍然以同心模式为例，农户虽然最终获得贷款，但其是通过合作社担保获得，并且在此期间业务程序在合作社与金融机构之间发生，融资农户与金融机构之间并没有发生抵押关系，融资农户也没有直接将土地承包经营权直接抵押给金融机构，即金融机构并没有成为融资农户的抵押权人，在农户没有按时还贷时，金融机构也无权对其土地直接进行处置以优先受偿。

3.2.3　初步建立农地流转平台和农地信息管理系统

农村土地产权抵押融资业务中，金融机构作为农村土地产权抵押权人，它在开展农地抵押业务时的利益保护需要一个活跃的抵押品交易市场，因为农地抵押品变现困难或交易成本太高将严重抑制金融机构对农地抵押品的接受程度。平罗县于 2013 年 12 月 8 日正式挂牌成立宁夏首个县级农村产权交易中心，提供了作为抵押品的农地经营权在全县范围内流转的平台，当地农地流转平台工作的基本原理是各乡（镇）设有村级土地流转服务站，发挥着土地流转信息服务平台的作用。当各村土地流转信息员了解和收集了本村集体或农户有流转意向后，上报乡（镇）农村土地流转服务中心；或者有流转意向的农户可直接到乡（镇）农村土地流转服务中心进行意愿登记。通过乡（镇）农村土地流转服务中心对各村上报的土地流转信息进行整理、分类、汇总，及时录入数据库，并通过政府网络系统上报县土地流转服务中心。县土地流转服务中心和村集体负有对抵押清偿贷款的土地经营权采取协助流转等处置义务，由于平罗模式农地抵押业务试点没多长时间，到目前为止还没有办理农地抵押融资违约农地变现的业务，其在制度设计之初就建立了产权流转服务平台，由政府转移金融机构作为抵押权人处理农地抵押品的风险和成本，极大消除了金融机构处置农地抵押的顾虑。

3.2.4 建立农村土地产权抵押风险防范基金

为确保金融机构债权的完整性，平罗县建立了农地抵押贷款风险预警机制，针对不同情形将风险预警设为蓝Ⅰ、黄Ⅱ、红Ⅲ三级。同时平罗县农村土地经营管理制度改革服务中心注册的风险防范基金为人民币 1 000 万元，由县人民政府首期注入 300 万元，其余部分由县财政逐年预算拨付。按照风险共担的原则，对抵押贷款资金本息的实际损失，县农村土地经营管理制度改革服务中心与金融机构按 80% 和 20% 的比例分别承担，最大限度地降低主办金融机构风险。另外还建立抵押物收储兜底机制、农民自愿退出土地承包经营权补偿机制等，以确保金融机构债权得以保护，同时也考虑了农民失去土地承包经营权后的各种应对措施，风险体现为体外分担。

3.3 宁夏平罗农村土地产权抵押融资模式存在问题

从前面介绍中看出平罗农村土地产权抵押融资模式取得了良好效果，并且属于政府主导型融资模式。该模式通过直接赋予土地完全的财产权利，这就意味着农户得到了土地的完全物权，农户可以直接通过向金融机构申请抵押融资获得资金，环节简单、方便，对农户来说成本较小，不用再向村集体、农业融资担保公司或者协会申请担保，省去了担保费和社会成本。随着农户收入水平的增加，他们越发看重面子成本，对直接抵押模式越能接受，政府主导下的这种直接抵押模式是由农户和金融机构之间直接进行的交易，除了抵押登记等部门外，无须再新设计其他特殊的组织部门。但是对于政府主导的农村土地产权抵押融资模式本身来说，一般都需要在经济发达或者是土地交易市场较发达的地区才行，才开始试行不久的平罗地区，政府主导的农村土地产权抵押融资模式本身运行中还存在如下问题。

3.3.1 农村土地产权抵押受到相关法律制约

2014 年中央一号文件中明确指出在落实农村土地集体所有权的基础上，稳定农户承包权，并放活土地经营权，允许以承包土地的经营权向金融机构抵押融资。2015 年中央一号文件则更是进一步将土地分类实施改革试点，扩大推进试点范围。鉴于此农村土地产权抵押融资在平罗地区以地方性法规的形式获准开展，制定了一系列诸如《平罗县农村土地承包经营权、流转经营权和宅基地使用权抵押贷款风险防范和处置预案》、《平罗县农村土地承包经营权抵押贷款管理办法》、《平罗县农村土地承包经营权抵押登记办法》等制度性规定，并得到当地政府等相关部门在确权保证、诉讼受理上的必要支持。因此当前农地抵押融资模式试点都是在中央政策的支持下，通过地方立法的形式予以支撑，并且是在农地“三权”分离的基础上以农地经营权设定抵押。但是这仍与现行的《担保法》和《物权法》法律规定相冲突，该法律明确规定“耕地、宅基地、自留地、自留山等集体所有的土地使用权不得抵押，但法律规定可以抵押的除外”，并且在《最高人民法院关于审理涉及农村土地承包纠纷案件适用法律的解释》中规定凡是承包方通过土地承包经营权进行抵押或者抵偿债务而产生的法律纠纷一律视为无效。这表明相关政策容许土地经营权抵押将会遭遇现行法律法规的阻碍，虽然当地政府在农地抵押业务的各个环节都给予了必要的支持，但是真正发生农地抵押违约问题时，由于抵押物的特殊性使得金融机构通常采取协调方式解决，银行对处置农地经营权缺乏必要的法律制度依据，没有法律的认可和支持，农村土地抵押融资业务的可持续开展就会受到一定影响。

3.3.2 缺乏第三方农村土地产权价值评估机构

平罗目前尚无专业性的评估机构和评估人员对农村土地承包经营权进

行准确的价值评估，主观判断成分较大，实际土地价值往往较难定，当地即使出台了农村土地产权价值评估指导价格，但也不是第三方专业化的评估机构评估价格，既无科学依据，同时也不具备法律效力（姚宗华和海涛，2014）。政府部门主导的评估模式主观判断成分较大，在初期小范围、小规模的土地流转和抵押融资中具有一定的适用性，但对于后期大规模的土地价值难以得到客观、可信的评估。因此土地承包经营权的抵押担保权能并不能充分体现，农地抵押融资常常会搭配信用、联保等混合形式进行抵押，这种抵押权是设置了附加条件和程序的变相抵押，并非纯粹意义上的农村土地产权抵押，这与农村土地产权作为独立抵押物的试点初衷还存在一定差距。

3.3.3 农村土地产权抵押风险分散机制不健全

当地对农村土地产权抵押融资风险的控制主要依靠抵押条件限制和政府风险补偿，风险基金来源较为集中不利于有效分散农地融资风险。在农地抵押价值难以实现的情况下，前者只是降低了抵押农户能够获得融资的规模，实际上并没有增加还款的保障能力，后者的风险保障力度则非常有限，当地风险防范基金为人民币 1 000 万元，县财政在初期注资 300 万元作为风险防范基金，其余部分由县财政逐年预算拨付，由地方政府与金融机构按照 8:2 的比例承担贷款损失，但是具体实施细则及操作流程等配套机制还未出台。即使当地农村产权交易中心受理了违约的农地抵押融资，它们依据合理章程对抵押的农地及其附着物通过流转、变现、收储以及诉讼等合法形式进行处置，以目前的 300 万元风险基金与已经发放或拟发放的贷款规模并不互相匹配，融资损失受偿的不确定性会影响金融机构的授信额度和贷款积极性，并且目前这种“财政兜底”模式也不具有可持续性。除了个别种养大户根据自身情况愿意投保外，绝大多数农户对保险的响应率较低，一般农户基本上不考虑投保，当地应该设立相应的农业保险制度，通过农业保险和政府设立的风险防范基金共同承担农地金融风险，在一定程度上可以减少金融机构处理农地抵押坏账的顾虑。另外由于没有建立统一的农户信用档案，农村信用体系尚不健全，难以对农户和农村集体经济组织进行客观的信用评价，诚实守信的意识还比较淡薄等因素也造成金融机构开展农地抵押业务的主动性和积极性不高。

3.3.4　农村产权交易市场不完善，农地抵押变现困难

当地以农村产权交易中心为核心的土地交易市场处于探索起步阶段，市场化的供求机制、定价机制、价值实现机制等都还未形成。目前已办理的农地抵押业务中尚未触及对经营权的处置流转，一旦出现贷款违约，法律限制性规定使得农地抵押可操作空间变得更加狭窄，农村土地用途严格限制规定农地经营权的流动只能在农村和集体成员内部流动，封闭的市场运行环境决定农村土地的价值难以得到提高。同时农地抵押再次流转时必须经过乡镇、村委会和村民的同意，农村土地产权交易执行非常困难。农地抵押融资试点工作开展以后，当地首先开展农村土地确权登记，在充分而广泛的土地调查基础上，以行政村界线范围为基础，按照村民小组集体所有、村集体所有、乡镇集体所有形式进行调查，完成了相应土地权属的实地调查和地籍调查。按照申请、审核、批准和注册的程序，为符合土地登记发证条件的办理土地登记，对于因各种原因不能登记发证的土地，只登记不发证。并且在该基础上建立农村土地权属数据库，但目前该数据库还处在初始阶段，只能说收集汇总了相关数据，还不能称之为建立了管理系统。后续工作开展进展缓慢，并不具备农村土地产权信息的综合利用和管理，这严重影响了当地农村土地产权抵押融资业务的开展。

3.3.5　农村土地社会保障功能缺乏有效替代物，机构办理业务成本高

作为农户最重要的生产资料，农村土地仍然承担着提供基本生活保障的任务，由于当地还未建立良好的农村社会保障和养老保险制度，目前还没有能够有效替代土地所发挥的社会保障功能的替代物。当地政府通过限制抵押率或者土地抵押比例来降低农户失地的风险，虽然这起着稳定农村社会的功能，但是也在一定程度上限制了农地的抵押价值，这就导致评估价值低，农户难以获得足值的抵押贷款。为了有效降低风险，当地农村土地产权抵押融资业务具有期限短、面积小、金额少、数量多等特点，且主要以家庭为单位办理农村土地产权抵押融资为主。在相同贷款额度下，金融机构就需要比其他业务花费更多的投入成本，另外由于农村土地产权抵押业务属于新型业务，尚处于探索办理初期，金融机构需要花费大量的人

力、物力做贷前调查，同时随着办理农村土地产权抵押业务人数的增多，金融机构在对该业务的管理上存在较大难度。农地抵押期限通常为一年，需求农户获得抵押资金主要用于特色种植、养殖，资金投入回报期较长，农地抵押业务供给短期化与农户生产需求长期化相互矛盾，另外农地抵押额度大多是在3万~5万元，农户由于前期发展投入大、基础条件差、融资渠道不宽等原因使得农地抵押融资额度难以满足经营需求。

3.3.6 政府多环节介入，组织成本较大

当地的农村土地产权抵押融资模式属于政府主导型，通常地方政府为了顺利推广该项业务，在市场培育初期都会通过介入业务众多环节为其进行保驾护航，作用效果非常明显。首先是对农地的基准价格进行确定，行政命令下的基准价格具有较强的公信力，在没有第三方评估机构出示更好的土地价值核算标准之前，通过政府行政公布会更加使作为市场供求双方主体的金融机构和农户所接受；其次设立了农村产权交易中心，该中心下设农村产权流转信息发布、组织交易、交易鉴证、政策咨询以及土地纠纷调合等多个机构，主要负责土地产权交易的申请受理、审核、登记以及交易信息的发布和成效公告，另外针对农村产权交易所搭建的信息网站和数据库系统的维护等，这些都需要通过政府进行相关财政资金的投入；最后地方政府还需指定农村产权交易中心及时发布相关交易信息协助金融机构对违约农地抵押品的处置，当金融机构处置农地抵押品受阻或者是受偿不足以弥补贷款资金损失时，政府部门还需要肩负着农地抵押品处置的最终责任。该业务从制度的设立、机构的设置、业务的开展甚至是业务风险补偿都需要政府多环节的介入，这对地方财政资金提出了较高的要求，模式组织成本较大。

3.4 本章小结

本章鉴于平罗地区具备较好的区位优势、城镇化进程以及政策的大力扶持等优势，农村土地产权抵押业务能够顺利开展。通过对平罗模式的现状分析发现，其具有政府主导、以经营权为标的物的农村土地产权抵押融资，并初步建立农地流转平台和构建风险防范机制，有效降低金融机构的信贷风险等特点。平罗农村土地产权抵押融资模式本身在取得良好成果的

同时，对于政府主导型的农村土地产权抵押融资模式本身来说，在运行过程中仍然存在农地抵押受到相关法律制约、缺乏第三方农村土地产权价值评估机构、农村土地产权风险分散机制不健全、农村产权流转市场不完善、金融机构办理业务成本高和政府多环节介入、组织成本较大的问题。

第四章　宁夏平罗农村土地产权抵押融资模式市场需求主体分析

第三章对宁夏平罗农村土地产权抵押融资模式的现状、特征以及所存在的相关问题进行了详细介绍，农村土地产权抵押作为国家政策对“三农”政策扶持背景下创新研发的一种金融产品，它的成功推广与业务开展的情况至关重要。因此本章从农地金融市场需求主体农户角度出发，通过构建科学评价指标体系对农户参与农地抵押融资意愿进行分析，同时通过参与农户对其满意度进行评价。

4.1　农村土地产权抵押融资模式农户参与意愿分析

4.1.1　农户样本特征分析

农户数据来自课题小组2014年对宁夏平罗的数据调研，调研随机选取宁夏平罗崇岗、头闸等11个乡镇，并在每个乡镇再随机抽取30～60户农户进行访问，每个乡镇样本比例大致平均在10%，数据样本分布比较平均，调研主要采用农户当面访谈并入户填写问卷方式。通过上述方法总共收回有效问卷501份，农户样本基本能够代表当地农户总体分布特征（见图4－1）。

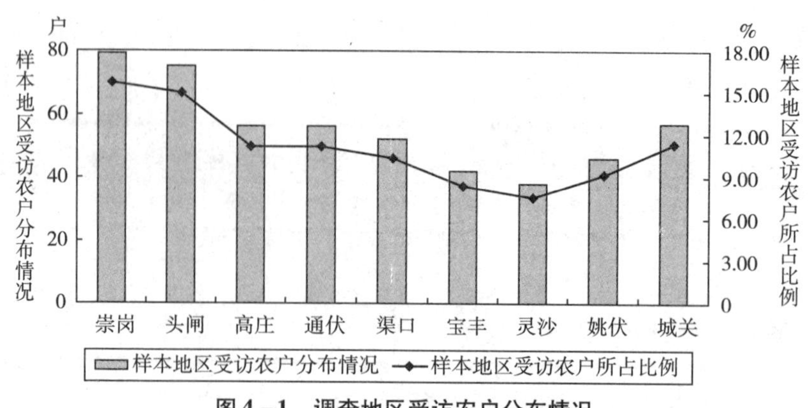

图4－1　调查地区受访农户分布情况

表 4－1　　　　　　样本地区受访农户基本情况

类别	指标	人数（人）	比例（%）	类别	指标	人数（人）	比例（%）
性别	男	421	84.04	年龄	≥60	9	1.79
	女	80	15.96	文化程度	文盲	19	3.79
家庭规模	1～3	180	35.93		小学	106	21.16
	4～6	316	63.08		初中	293	58.48
	≥7	5	0.99		高中	70	13.97
年龄	≤29	26	5.19		高中以上	13	2.59
	30～39	181	36.14	家庭类型	纯农户	114	22.75
	40～49	210	41.91		一兼农户	158	31.53
	50～59	75	14.97		二兼农户	229	45.72

数据来源：由受访农户整理得出。

由表 4－1 样本地区受访农户可以看出：性别方面主要以男性为主，男性受访农户比例达到 80% 以上，反映出家庭对外事物仍由男性主导现象；家庭规模方面，当地家庭人口主要是以 4～6 人为主，占比分别为 63.08%，其中 1～3 人的家庭规模占比 35.93%，7 人以上的家庭规模仅仅占比 0.99%，表明当地家庭由中等规模逐渐向小规模转变；年龄层次方面主要集中在 30～49 岁，文化程度方面较好，当地有 58.48% 受访农户达到初中文化水平，高中及以上的占到 16.56%；家庭类型方面，受访农户兼业类型较为普遍，平罗地区主要以二兼农户为主，占比 45.72%，其次为一兼农户的 31.53% 和纯农户的 22.75%。受访农户中纯农户家庭类型最少，表明当地家庭类型已经有向兼业类型转变的趋势，兼业成为家庭主业，而农业则成为家庭副业。

表 4－2　　　　受访农户对农村土地产权抵押了解程度

		户数（户）	比例（%）
融资政策了解程度	不了解	31	6.18
	了解一点	221	44.11
	基本了解	186	37.13
	非常了解	63	12.58

续表

		户数（户）	比例（%）
来源渠道	金融机构	327	65.26
	村干部	119	23.75
	乡邻之间	185	36.92
	电视、广播和报纸	78	15.57
	其他	20	3.99

数据来源：由受访农户整理得出，农户了解土地产权抵押融资信息来源渠道存在多条途径，因此农户统计总数高于了解政策的农户数目。

由表4－2可以看出受访农户对农地抵押了解程度，在受访的501户农户中，农户或多或少都对农地抵押政策表示了解，明确表示不了解农户为31户，占受访农户总数的6.18%。虽然当地的农地抵押业务在2012年底才正式开展，由于作为国家的农业改革试验区之一，当地政府和金融机构加大对农地抵押政策的宣传力度，农户整体上表示对其了解。

从来源渠道上来看，当地农户主要是通过金融机构，其次是乡邻之间和村干部，分别占比65.26%、36.92%和23.75%，金融机构作为农地抵押业务的参与主体之一，为了使业务能够顺利地开展，作为金融机构本身，必定加大对农地抵押业务的宣传力度，因此当地农户了解的主要来源是金融机构。农户的生活圈子一般都局限于同村乡邻之间，通常会共享信息，当同村有农户听说该项业务后，他们也会将业务传递给同村的其他人。另外农村土地产权抵押是由当地政府推广、金融机构办理，村干部由于在当地享有较高的威望，在宣传方面具有较强优势。但从受访农户来看，通过电视、广播和报纸渠道了解农地抵押业务的仅占15.57%，这说明当地还没有充分利用媒体资源的宣传优势，媒体资源宣传具有成本低、覆盖面广等众多优点，当地政府需要在这方面加大宣传力度。

表4－3　受访农户融资需求与打算

		户数（户）	比例（%）
希望融资用途	生产性支出	202	40.31
	经营性支出	242	48.30
	生活消费	39	7.78
	其他	18	3.59

续表

		户数（户）	比例（%）
希望融资额度	0.5万元以下	1	0.19
	0.5万～1万元	4	0.80
	1万～3万元	73	14.57
	3万～5万元	99	19.76
	5万元以上	324	64.67
希望融资期限	1年及以下	113	22.55
	1～3年	289	57.68
	3～5年	83	16.56
	5年以上	16	3.19

数据来源：由受访农户整理得出，生产性支出主要是指种植业、养殖业、林业、购置农机和农资等；经营性支出主要是指从事非农业方面的支出；生活消费主要是指生活周转、看病、红白喜事、建房买房等用途。

表4－4　　　　不同类型受访农户的融资用途与期望

		纯农户（%）	一兼农户（%）	二兼农户（%）
希望融资用途	生产性支出	50.00	36.08	35.81
	经营性支出	40.35	50.63	51.97
	生活消费	7.02	7.59	7.86
	其他	2.63	5.70	4.37
希望融资额度	0.5万元以下	0.00	0.63	0.00
	0.5万～1万元	2.63	1.90	0.44
	1万～3万元	10.53	16.46	14.85
	3万～5万元	18.42	19.62	20.96
	5万元以上	68.42	61.39	63.76
希望融资期限	1年及以下	32.46	18.99	20.09
	1～3年	50.00	60.13	59.39
	3～5年	13.16	17.72	17.47
	5年以上	4.39	3.16	3.06

数据来源：由受访农户整理得出。

融资意愿用途方面，受访农户中绝大多数都希望将资金用途用于生产性和经营性支出两方面，其中用于经营性支出（48.30%）比例略高于生产性支出（40.31%），经营性支出略高于生产性支出的原因是当地靠近宁夏回族自治区首府银川，受经济辐射影响较大，外加当地有着丰富的旅游和矿产资源，大部分农户都会从事第二职业来增加家庭生产收入，例如县城西部有着丰富的太西煤资源，当地农户大多主要从事煤炭相关行业，旅游资源主要位于县城南部和北部，像全国闻名的沙湖旅游风景区。因此平罗地区兼业农户更多会将资金用于经营性支出。从不同类型农户来看，一兼农户和二兼农户用于经营性支出比例分别占到50.63%和51.97%，纯农户用于经营性支出占比则只有40.35%，用于生产性支出比例分别是36.08%、35.81%和50.00%，数据表明资金用途呈现出兼业程度农户与生产性用途负相关，而与经营性用途呈正相关趋势。

希望融资额度方面，受访农户中80%以上都希望融资额度能达到3万元以上，其中有64.67%的农户希望额度超过5万元，融资额度越大表明农户资金需求量越大，同时也说明现有的金融机构并不能有效满足广大农村资金需求。从不同类型农户来看，分别有86.84%、81.01%和84.72%希望贷款额度能达到3万元以上，其中68.42%、61.39%和63.76%的农户希望融资额度能超过5万元，与总体农户也基本保持一致。但从数据不难发现，不论是3万元以上还是5万元以上的农户比例，纯农户均高于兼业农户。这似乎与平常情况不相符合，兼业农户家庭由于主要从事非农业生产，生产资金需求规模会高于纯农户。这里可能的原因，一方面是大多数农户对农地抵押政策表示了解，农地抵押贷款额度主要是以自身经营的农地为主要评价标准，兼业农户家庭大多数都从事非农业生产，自家经营的土地大多数情况下已经流转给其他人，自身仅会保留部分满足口粮的土地，相较于纯农户而言，用于抵押的土地就会较少一些，因此在融资额度上纯农户会希望更高一些，同时纯农户的融资渠道较少，当有机会获得贷款时，他们通常希望能够获得更多融资，这也反映出该类型农户由于无法通过现有渠道满足融资需求的急切心理；另一方面兼业家庭农户的经济状况普遍较好，他们融资渠道来源更广，受制农地抵押融资业务本身额度并不能完全满足他们的融资需求，兼业类型农户对于从农地抵押业务获得较大额度贷款并没有抱有太大希望。

希望融资期限方面，受访农户中有接近75%的农户认为贷款期限在1～5年较为合适，总体比例持平表明农户都不愿意背负长期贷款来增加对投资回收期长、见效慢的农业生产。其中57.68%的农户希望融资期限在1～3年，16.56%的农户则希望融资期限在3～5年，当地农户有着更多从事非农业的机会，资金流转速度较快，他们更多希望能尽快地将手里的资金投入用于生产。从不同类型农户来看，整体上也表现出相同趋势，纯农户、一兼农户和二兼农户希望贷款期限在1～5年的占比分别为63.16%、77.85%和76.86%（见表4－3、表4－4）。

表4－5　　农村土地产权抵押的不同类型农户需求意愿

农户类型	户数（户）	比例（%）	农户需求（户）	比例（%）
纯农户	114	22.75	96	19.16
一兼农户	158	31.54	129	25.74
二兼农户	229	45.71	161	32.14
合计	501	100	386	77.04

注：其中纯农户比例＝纯农户/农户总数；纯农户需求比例＝（纯农户需求/纯农户）×（纯农户/农户总数）；纯农户供给比例＝（纯农户供给/纯农户）×（纯农户/农户总数），其他农户类型依此类推。

由表4－5可以看出农户参与意愿方面，受访农户中有386户有着农地抵押意愿，占总体受访农户的77.04%。数据统计分析发现当地农户的兼业程度越高，农地抵押需求意愿也就越强烈，二兼农户中有161户农户有着农地抵押意愿，占到总体受访农户的32.14%，其次是129户一兼农户（25.74%）和96户纯农户（19.16%）。兼业农户家庭大部分从事非农行业，非农收入占比较高，土地要素功能逐步弱化，大规模非农生产经营活动导致生产性信贷需求旺盛，当资金需求无法通过内部融资或者其他渠道融资满足而需要进行贷款时，农地抵押刚好能够作为农户弥补资金部分缺口的备选方案。张龙耀（2010）通过数理模式推导认为非农收入占比较高的家庭，农地抵押融资需求较高是因为该农户类型拥有足够偿还因经营有风险农业失败的非农收入，他们可以通过固定的非农收入偿还所欠贷款，因此不会导致农地被没收。纯农户需求意愿比例最低则是主要由于家庭收入几乎全部来源于农业收入，农地的社会经济保障功能作用发挥到最大作用，农户对土地依赖性极大，受制于农业固有缺陷，该类型农户的资金风险承受力较弱，金融机构不愿给这类农户发放贷款，同时这类农户会因为不愿意承担失去农地的风险，因而只能通过转向其他方式进行融资，在农地抵押需求上持相当谨慎态度。

4.1.2 农户参与农村土地产权抵押融资意愿理论分析

根据相关学者的研究成果（于丽红等，2014；张忠明等，2014），并结合调查问卷特点确定影响农户参与农地抵押影响因素。

（1）农户特征，包括户主、年龄和文化程度。农户年龄越大思想观念趋于保守，风险规避意识开始增强，需求意愿下降；文化程度越高的农户，其见识阅历丰富，有较强的经营意识与能力，对制度创新所蕴含盈利机会的认识和把握会更加准确，但由于传统农业生产具有“周期长、收益低、风险抵抗弱”等固有缺陷，当文化程度高的农户面临更好的外部条件时，更倾向于选择收入更高的非农产业，另外文化程度高对其收入有正向影响，从而会缓解资金流动性约束，也会降低决策响应意愿。户主掌握家庭事务的最终决策权，对农地抵押需求也会产生相应预期。

（2）家庭特征，包括供养率、离农率、耕地面积、家庭年均收入、固定资产和是否购买保险。供养率高意味着家庭负担较重，一方面这类家庭由于生产生活开支较大而需要一定资金投入，另一方面家庭风险抵抗性较弱，负担率较重的家庭经济状况普遍不好，面临更大的还贷压力，对土地依赖感越强，若不能按时偿还贷款，还有可能失去土地经营权，因此在抵押贷款意愿上较为谨慎；离农率越高的家庭由于家庭成员更多从事非农行业，从事农业生产的人数偏少，需求意愿下降，离农率高的农户家庭一般都经商或外出务工，对经营性信贷的需求更强，贷款额度越大，农地抵押业务并不能有效满足这类农户的融资需求；耕地面积大的农户需要更多生产经营投入，农地抵押需求意愿高；家庭年均收入和固定资产的多少对农地抵押需求意愿的影响不确定：一方面农户生产规模较大产生贷款需求，另一方面也会因为收入较高而拥有更多流动性资金，从而减少贷款需求；是否购买保险即家庭成员是否购买了养老医疗保险等，这在一定程度上能够弱化农村土地对家庭的社会保障功能作用。

（3）社会资本特征，此处社会资本是指农户在农地抵押过程中所能够调动并且实现目标或为其带来经济效益的一切社会资源，其包括个体所具有的声誉、权力和地位等以及个体或家庭所拥有的社会关系网络总和（谢勇，2009）。根据问卷设计指标，这里用是否有社会关系和人情占比两个方面来表示：是否有社会关系，即家庭成员是否担任村干部、在政府部门任职或者是在银行等部门工作。在政府金融部门工作可能具有更广泛的社会网络，更有利于充分了解土地抵押的相关信息，而且还可能因为“权力”的掌握直接导致获取贷款机会的优势；农户的人情占比，即家庭参与红白事、购买礼物等费用占当年总支出的平均比例，这能反映家庭用于维护社会网络的投资，其中也包括农户在使用社会性资源前对社会关系的强化（如托人办事前送礼），一般认为人情占比越高的家庭，其参与农地抵押意愿就越低。我国是一个典型的关系本位社会，比较注重在家族基础上构建人情关系网络，由于现阶段农村正规金融服务的空白缺失以及金融抑制下民间金融发育的滞后性使得农村信贷资金仍然是一种稀缺性资源，从而造成了农村金融问题十分突出。社会资本在某种程度上反映了个体的号召力，它意味着个体的社会关系网越广、所具有的社会身份越多、声望越大，其社会资本存量就越大。

（4）金融环境特征，包括交通便利、机构数目、机构信誉、员工服务满意度和机构办理土地抵押业务态度。目前农地抵押还没有明确立法依据，机构信誉对农户参与意愿就起着关键作用。机构信誉度高低是吸引顾客的首要条件，在同等条件下，客户为了使得自己的合法权益得到有效保障，他们往往会选择信誉度更高的机构，机构办理土地抵押业务态度和员工服务满意度则是进一步吸引顾客具体办理该项业务的条件，由于农地抵押贷款业务的开展具有较强的特殊性，业务的开展主要是靠当地政府和主办金融机构共同推动。农户对该项业务越了解、机构开展该项业务的积极性越高，员工服务态度越好，农户的参与意愿也就越高。因此政府和金融机构对农地抵押业务宣传到位与否和业务开展积极性势必会影响农户的决策响应。交通便利程度和机构数目主要影响农户办理业务的交易成本，也会对农户参与意愿产生相应影响（上述变量之间关系如图4－2所示）。

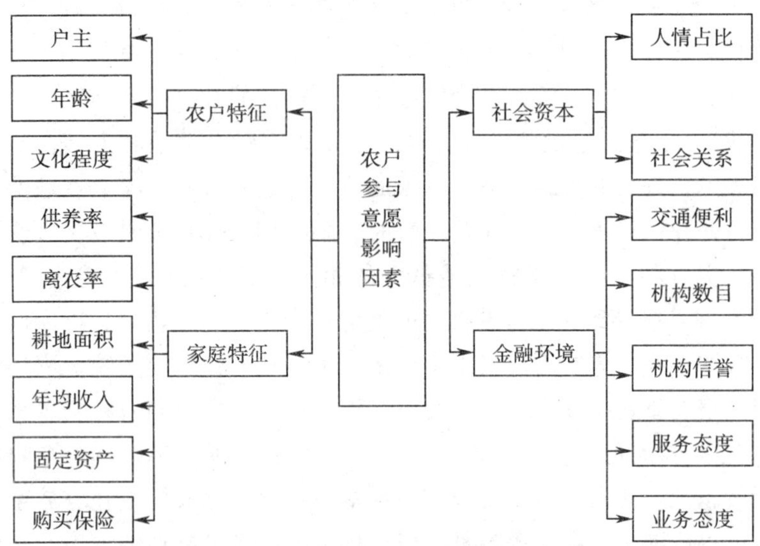

图 4－2　农户参与意愿影响因素分析框架

4.1.3　农户参与农村土地产权抵押融资意愿模型构建

农户对农地抵押融资模式参与意愿有“愿意”与“不愿意”两种，其属于二元选择问题，为了探究哪些因素会影响农户的意愿，采用二元 Logit 模型进行分析。将农户“愿意”赋值为 1，“不愿意”赋值为 0；以 P 表示农户参与意愿的概率，其取值在 0—1。构建 Logit 模型如下：

$$\mathrm{Ln}\left(\frac{P_i}{1-P_i}\right)=\beta_0+\sum\beta_j x_{ij}+\varepsilon \qquad (4-1)$$

P_i 表示第 i 个农户农地抵押融资意愿的概率，$1-P_i$ 表示第 i 个农户不愿意农地抵押融资的概率，x_{ij} 表示影响第 i 个农户相关因素变量，β_j 表示影响因素所对应的参数估计值（见表 4－6）。

表 4－6　相关变量定义和描述性统计

	变量	定义	均值	标准差	预期方向
主体	需求意愿	0 = 否；1 = 是	0.7704	0.4030	
农户特征	户主	1 = 否；0 = 是	0.1936	0.3955	+/－
	年龄	1. ≤29；2. 30～39；3. 40～49；4. 50～59；5. ≥60	2.7225	0.9104	－
	文化程度	1. 没上过学；2. 小学；3. 初中；4. 高中；5. 高中以上	3.0598	0.7342	+/－

续表

	变量	定义	均值	标准差	预期方向
家庭特征	供养率	连续变量	0.3521	0.2356	+/-
	离农率	连续变量	0.1677	0.3708	-
	耕地面积	连续变量（对数）	1.8414	1.4628	+
	年均收入	连续变量（对数）	11.5944	1.0246	+/-
	固定资产	连续变量（对数）	8.7822	4.8140	+/-
	购买保险	0=无；1=有	0.8762	0.3296	+
社会资本	人情占比	连续变量	0.1607	0.1440	-
	社会关系	0=无；1=有	0.0339	0.1812	+
金融环境	交通便利	1. 非常不方便；2. 不方便；3. 一般；4. 方便；5. 非常方便	3.8562	0.5650	+
	机构数目	1. 非常少；2. 比较少；3. 一般；4. 比较多；5. 非常多	3.1497	0.5210	+
	机构信誉	1. 非常不好；2. 不好；3. 一般；4. 好；5. 非常好	3.9720	0.6222	+
	服务态度	1. 非常不满意；2. 不满意；3. 一般；4. 满意；5. 非常满意	3.9500	0.6001	+
	业务态度	1. 非常不积极；2. 不积极；3. 一般；4. 积极；5. 非常积极	3.8161	0.6555	+

数据来源：相关变量大多来自样本农户2011—2013年家庭生产生活基本情况，社会关系以是否有亲戚朋友在政府部门、信用社、村委会等工作为社会关系代理变量；人情占比为2009—2013年红白事等支出占当年支出的平均比例；固定资产在此不包括房屋；供养率为家庭60岁以上老人和未工作子女占总人口比重。

4.1.4　农户参与农村土地产权抵押融资意愿实证分析

运用二元Logit模型对农户农地抵押参与意愿影响因素进行检验，模型结果见表4-7。

表4-7　　农户农村土地产权抵押融资参与意愿估计结果

		Coef.	Z
	常数	-10.7309	-5.42
农户特征	户主	-0.3547	-1.10
	年龄	0.5358***	3.34
	文化程度	0.9006***	4.83

续表

		Coef.	Z
家庭特征	供养率	0.4407	0.79
	离农率	-1.3050**	-2.37
	耕地面积（对数）	0.2865**	2.03
	年均收入（对数）	-0.1525	-1.26
	固定资产（对数）	-0.0003	-0.01
	购买保险	0.7114*	1.91
社会资本	人情占比	-0.1551	-0.17
	社会关系	0.0911	0.29
金融环境	交通便利	0.0308	0.12
	机构数目	0.2606	1.10
	机构信誉	1.0108***	4.38
	服务态度	0.0902	0.37
	业务态度	0.8702***	3.96
		Loglikelihood	-201.0313
		Pseudo R2	0.2500
		Prob > chi2	0.0000

注：***、**、*分别表示结果在1%、5%、10%的水平上显著。

（1）农户特征：年龄在1%的水平下正向显著影响着受访农户参与意愿，年轻劳动力处于生产活跃的阶段，思想比较开放，接受新事物的能力也较强，农地抵押意愿自然应更强烈。然而随着年龄增长，农户扩大生产意愿降低，相应的经营投资活动减少，对新事物的接受能力逐渐降低，受到传统观念的影响会将农地作为重要的社会保障，其意愿呈现下降趋势，正向影响可能的原因是由于当地经济发展情况较好，家庭经济收入较高，年龄越大在生产生活活动处理中能够更加成熟冷静，对资金的投入以及风险防范也有着充分的预期，当家庭需要扩大生产时，也愿意选择农地抵押。文化程度在1%的水平下正向显著影响着受访农户参与意愿，文化程度越高的农户，对新事物的认知接受程度越高，能够迅速掌握贷款的流程，外加这类农户创业创收意愿较强，必然会受到资金短缺约束，因此更愿意进行土地抵押以缓解资金约束。

（2）家庭特征：离农率在5%的水平下负向显著影响着受访农户参与

意愿，离农率越高的农户家庭更多地从事收入更高的非农行业，从事农业生产人数较少，这类家庭往往会将多余的土地流转出去或转给乡邻好友让其耕作，自己只保留够家庭基本口粮的土地面积，没有更多的土地资源来申请贷款，因此离农率越高，土地抵押意愿越低；耕地面积在 5% 的水平下正向影响着受访农户参与意愿，表明土地面积越大，农户的抵押意愿就越高，由于规模化经营的制约、农产品价格波动大、农业收益偏低等原因，经营面积小的农户面临着更严峻的贷款风险。相比较而言，土地面积越大的农户依靠规模化经营能够有效化解一定程度的农业风险，同时他们也需要更多的生产经营投入，另外这也与农地抵押业务本身有直接联系，用于抵押农地面积越大，农户所能获得的融资额度就较多；年均收入虽然没有产生显著影响，但影响方向为负，这表明年均收入越高的农户农地抵押意愿越低，收入越高的农户家庭资金实力较为雄厚，虽然这类家庭会因为资金实力扩大而需追加投资，当资金无法通过收入来满足需求时也会选择融资，这类家庭农户的融资渠道来源更广，农地抵押受制于耕地面积的根本限制，融资额度普遍偏低，往往无法达到这类农户的资金需求，他们会选择其他额度更大的业务，因此抵押意愿降低；对于农户而言房屋和土地是重要的两项资产，但是因为法律规定而造成变现困难，固定资产相对于这两项资产而言变现更为容易，同时也能体现农户家庭收入情况，固定资产越多，家庭收入越好，抵押意愿降低；供养率对受访农户没有产生显著性影响，但影响方向为正，供养率越高的家庭在生产生活方面开支较大，他们需要将农地抵押作为融资的备选方案。购买保险在 10% 的水平下正向显著影响着受访农户参与意愿，当农户购买相应保险时，表明有着相应风险补偿，会在某种程度上减少农户参与融资行为的风险顾虑，因此购买保险的农户的农地抵押参与意愿较高。

（3）社会资本特征：人情占比和社会关系对受访农户都没有产生显著影响，但从方向上仍然可以大致判断出，农户作为农地抵押业务微观参与主体，他们在面临多种选择机会时，往往会选择能实现自身利益最大化的目标方案，特别是当前农村信贷资金仍然作为一种稀缺性资源时，农户的人情关系在此就能发挥很大作用。一般认为人情往来越频繁的农户，农民之间的信任度也就越高，信任使得农户更愿意给对方提供所需的帮助（吴玉锋，2011），因此这类农户在遇到资金困难时求助对象就会越多，从而降低了对金融机构等组织的依赖，农地抵押意愿就会降低；另外社会关系好的家庭能够降低农户搜寻信息的成本，获取政策信息的速度可能更快些，并且也更容易接受新政策和新思想（童馨乐等，2011），由于其社会地位和身份较好于普通农户，他们在实际借贷方面能够凭借在当地较高的认可度和影响力而带来良好的融资环境，因此农地抵押意愿会增加。

（4）金融环境特征：机构信誉评价和抵押贷款业务态度都在1%的水平下显著正向影响受访农户的参与意愿。农户在决定参与相关业务前，首先会考虑的是该机构的信誉度如何，对机构信誉度评价往往来自周围朋友的转述和自己亲身参与等，信誉度越好的机构，农户在办理相关业务时能够避免很多不必要的麻烦，从而确保农户自身权益不会受到伤害，从受访农户对当地机构信誉度评价来看都普遍反映良好，因此农户在该机构也愿意参与相关业务；信誉度反映的是机构整体对农户的印象，它是吸引农户参与业务的首要因素，但是真正能够留住农户的往往是业务本身给农户所带来的实惠。机构为了使农地抵押业务能够顺利地开展，往往会从宣传、具体操作等方面尽可能地从农户方面进行考虑，这样才能吸引到更多的农户参与农地抵押业务，农户对当地开展农地抵押业务态度评价都表示积极，因此抵押意愿较高。虽然机构开展农地抵押业务态度对农户的参与意愿有显著正向影响，但是当地工作人员服务态度却没有产生显著影响，这表明农户并没有完全认可工作人员工作表现，机构员工的个人素质和专业技能仍需进一步加强。机构数目和交通便利方面对当地农户都没有产生显著影响，一般情况当地机构数的多少和交通便利程度能够直接影响农户往返网点办理业务的相关成本，从而影响到农户办理业务意愿，但从受访农户情况来看，大多数农户都有着摩托车类的交通工具，机构数目和交通便利程度对农户的农地抵押意愿影响不大。

4.2 农村土地产权抵押融资模式农户满意度分析

4.2.1 参与农户样本特征分析

在有参与意愿的386户农户中，最终有168户农户获得了农地抵押融资，获得融资的农户对农地抵押融资评价如表4－8所示。

表 4-8　　参与农户对农村土地产权抵押融资评价

		户数（户）	比例（%）
满意程度	不满意或非常不满意	18	10.71
	一般	38	22.62
	非常满意或满意	112	66.67
渠道单一程度	非常不同意或不同意	14	8.33
	一般	39	23.21
	同意或非常同意	115	68.46
解决困难程度	没有帮助或较小	34	20.24
	一般	20	11.90
	很大或较大	114	67.86

数据来源：由参与农户数据得出。

由表 4-8 看出参与农户对农地抵押融资整体上表示感到满意，从满意度来看，112 户农户表示感到非常满意或是满意，占到总体获得贷款农户的 66.67%；对认为融资渠道单一方面，参与农户均表示该业务融资渠道呈现单一化，比例达到 68.46%，调查发现当地有农村商业银行、沙湖村镇银行等七家金融机构在开办农地抵押业务，但是获得贷款的农户主要来源农村商业银行，其余金融机构虽然也在办理，但业务量极少。笔者通过相关资料查询发现，不仅仅是平罗地区，全国目前开展农地抵押业务的主办金融机构主要都是农村商业银行在承担此项业务；在解决困难程度方面，获得融资农户认为农地抵押对融资困难有一定帮助，比例达到 67.86%。农户评价解决困难程度主要标准是能够从金融机构获得多少贷款额度，从抵押模式操作流程可以看出，当地农地抵押并没有限制用于抵押的农地面积，原则上讲农户可以将全部经营的土地用于抵押，目前金融机构发放贷款的主要标准是根据可用农地抵押的面积 × 每亩价格 × 剩余年限，根据最终核算价值按照比例进行发放。

表 4-9　　不同类型参与农户对农村土地产权抵押融资评价

		纯农户（%）	一兼农户（%）	二兼农户（%）
满意程度	不满意或非常不满意	22.86	11.90	13.19
	一般	8.57	26.19	25.27
	非常满意或满意	68.57	61.90	61.54

续表

		纯农户（%）	一兼农户（%）	二兼农户（%）
渠道单一程度	非常不同意或不同意	17.14	21.43	13.19
	一般	31.43	38.09	48.35
	同意或非常同意	51.43	40.48	38.46
解决困难程度	没有帮助或较小	5.71	14.29	15.38
	一般	17.14	19.05	13.19
	很大或较大	77.14	66.66	71.43

数据来源：由参与农户整理得出。

对参与农户进一步划分，农地抵押融资评价见表4－9所示。纯农户类型对农地抵押满意度均高于兼业类型农户，其中68.57%的纯农户表示对农地抵押政策感到非常满意或是满意，一兼农户和二兼农户的满意度分别为61.90%和61.54%，纯农户与兼业农户满意度相差幅度为7%左右。纯农户满意度高于兼业类型农户的主要原因是相较于兼业农户，纯农户收入几乎全部来源于农业生产，受制于农业经营缺陷，该类型农户盈利资金实力较弱，同时用于资金生产需求与兼业类型农户较少，农地抵押额度更能满足纯农户类型的资金需求。融资渠道单一程度方面，不管是何种类型农户，大部分表示农地抵押融资渠道单一，从农户类型内部发现纯农户认为融资渠道单一的比例都要高于兼业类型农户，其中纯农户有51.43%表示渠道单一，一兼农户和二兼农户的比例分别为40.48%和38.46%。纯农户比例较高的原因可能是由于兼业类型农户的家庭收入来源较广，能够有效地减少经营风险，这类型农户经济状况普遍较好，他们获取融资的来源渠道更多一些，即使没有获得农地抵押贷款，仍然能有机会从金融机构获得另外类型贷款。而对于纯农户而言，金融机构“嫌贫爱富”本性限制了他们更多贷款可得性，由于来源渠道较少，他们就会更加认为农地抵押融资渠道单一；解决资金困难程度方面，相较于兼业农户，纯农户的资金需求量小，纯农户认为对解决资金困难有帮助或很大帮助占比达到77.14%，明显高于兼业农户，这与参与农户总体分布情况大体保持一致。

从图4－3来看能否按时还款和担心抵押物流失仍然是融资农户顾虑的主要因素，当地有51.79%的农户表示是否能够按时还款是他们参与农地

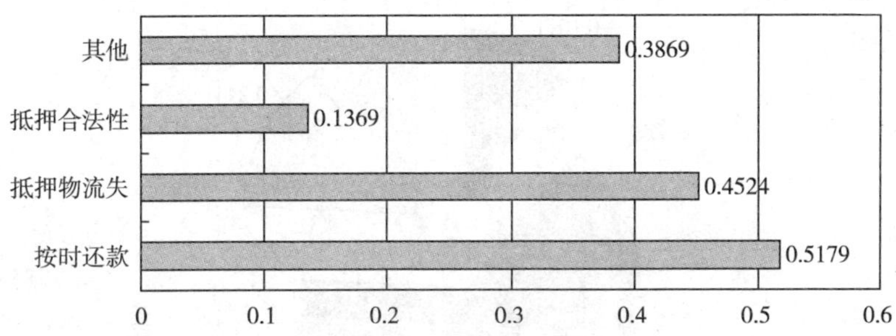

注：顾虑影响因素是农户对农地抵押的主观判断，因此农户大多情况下会重复选择，在统计中只要农户选择了此项都被计算在内。

图4-3 参与农户抵押顾虑因素统计

抵押业务主要考虑因素，略高于抵押物流失（45.24%），能否按时还款的比例略高于抵押物流失的可能原因是，当地原则上是农户可以用自身经营的全部土地面积进行测算，土地面积大的农户所能获得的抵押贷款额度较多，在偿还贷款风险方面就略大，因此能否按时还款是当地农户考虑的首要因素。对于抵押是否合法，融资农户的顾虑比例较低（13.69%），由于农地抵押是当地金融机构所推出的新型金融产品，对于参与农户而言，他们考虑的主要是自己是否符合该金融产品所要求的条件，能否通过申请该业务从而获得相应贷款，对于其是否具有合法性，他们则较少考虑，固有观念认为只要是正规金融机构推出的金融产品必定是合法的。

另外通过对参与农户调查“当您下一次面临资金困难时，是否还会选择产权抵押贷款”时，获得贷款的农户数据显示，表示会的农户比例为64.88%，明显高于不会的24.41%和不清楚的10.71%，表明尽管当地农地抵押业务开展以来，在融资额度、贷款期限等方面还存在很多需要改进的地方，但绝大多数农户都认为农地抵押融资能够在一定程度上缓解资金需求不足的问题，只要当地农户能够获得有效贷款，参与农户均表示还会继续选择这项金融产品（见图4-4）。

4.2.2 参与农户农村土地产权抵押融资满意度理论分析

4.2.2.1 顾客满意度概念

目前学术界对顾客满意定义主要包括状态和过程两个方面：Kloter（1967）认为顾客满意度是顾客事前的期望程度与感知企业所提供的服务

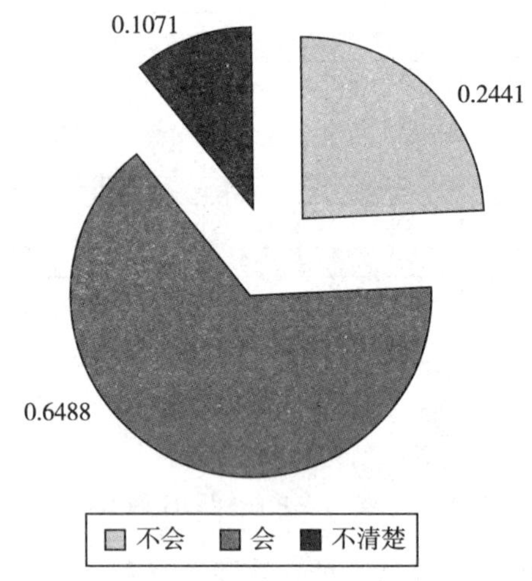

图 4-4 参与农户是否还会选择农村土地产权抵押融资

和产品后所形成的对比，从而产生的一种愉快或失望的感觉状态；Howard 和 Sheth（1969）认为顾客满意度是购买者评估其所得到的报酬与付出的对比而产生的一种认知状态；Tse 和 Wilton（1988）、Nelson（1970）从过程方面认为顾客满意度是事后对消费行为的评估，主要来自顾客的预期与实际的感受差别；Ostrom 和 Dawn（1995）认为顾客满意度是顾客在消费产品或服务以后，对产品或服务的质量与绩效的满意或不满意的一种相对判断。

通过相关文献归纳，笔者认为顾客满意度是顾客的心理感知状态，它来源于顾客从对方所提供的服务消费中获得的感知绩效和服务期望比较后的一种心理感知状态。针对农地抵押融资这一具体金融产品时，农地抵押融资满意度就是指参与农户在消费农地抵押融资业务时，通过接触主办金融机构，在申请获得、使用和偿还贷款过程中，根据农户自身体验，所形成的对金融机构及农地抵押业务本身的评价。

4.2.2.2 顾客满意度影响因素

1. 国外学者对顾客满意度研究。

Eriksson（1996）通过硬件设备和服务标准化对顾客满意的研究认为，提高业务处理速度可以使顾客感到满意，而硬件设备的可靠性却不能提升顾客的满意度，研究还发现顾客满意度主要源于在办理业务过程中跟一线员工的接触，因此需加大对一线员工的服务质量培训。Hui（2001）通过研究结果也证明了以上观点，认为员工经过服务质量培训的银行顾客满意度比没有经过培训的要高。Prabhakaran（2003）从可靠性、反应性、保证性、情感性和有形性五个方面研究商业银行的服务质量，认为服务质量最能使顾客感到满意，是商业银行赢得竞争的关键因素。Manrai 等（2007）则从员工（服务态度和质量等）、财务（利息收入与支出等）、环境（机构开展业务氛围以及硬件设施情况等）和便捷（ATM 数目和顾客办理业务的时间等）四个方面考察顾客对银行服务满意程度。Reynierse 等（2003）通过研究表明影响顾客满意度主要包括等待时间、办理业务时间、银行员工的专业素养、准确性、专注度、礼貌和对业务熟悉 7 个因素方面。Bielski（2004）探讨了银行使其顾客满意的方法和造成顾客不满意的影响因素，认为顾客满意度作为员工态度和销售业绩的中间变量，顾客满意度越高，员工的销售业绩就会越好。Lien – Ti Bei（2006）认为顾客满意度需要从服务感知、质量感知和价值感知三个方面进行研究，其中顾客满意度是顾客感知和顾客忠诚的中间变量。

2. 国内学者对顾客满意度研究。

张松洁和田昆（2003）通过对北京 8 家储蓄所近 200 名储户进行调查发现，我国银行储蓄业务离实现顾客满意度还存在一定差距，从业人员的业务能力和服务态度是影响他们满意度评价的主要因素，企业形象和宣传并不会对满意度评价造成重要影响。王进富等（2005）通过对四大国有商业银行 20 个重要营业网点的调查结果表明，顾客满意度主要受银行的规模和实力、地理位置、营业厅环境、存取款方便影响。高充彦等（2006）根据我国商业银行现阶段的情况，从三个方面九项指标评价服务质量，具体包括技术质量方面（服务网点、设施环境和可靠性）、声誉质量方面（整体形象和服务特色）和功能质量方面（服务态度、服务便捷和服务效率），认为造成顾客满意度差异化的主要原因是不同顾客对同一银行服务质量的评价存在着相当大的差异，服务质量、顾客满意和顾客忠诚三者之间能够相互影响。王海忠等（2006）通过对全国 7 家中资银行累计 1 789 个零售顾客的数据分析发现，顾客满意度受到服务态度、服务效率等软件条件比服务网点、服务设施等硬件条件要更加明显。银行形象和品牌塑造虽然在短期内无法提高顾客的满意度，但是从长期来看仍能对顾客的满意度造成主要影响，另外硬件条件对潜在顾客的满意度影响较大（金立印，2006）。

通过以上文献可以总结出顾客满意度具有以下几个特性：（1）客观性。只要某种产品或者服务被消费了，顾客满意度也就随之产生，它是客观存在的。（2）主观性。满意度是顾客的主观感知，它是由理性和非理性因素共同作用的结果。（3）动态性。顾客满意度会随着社会的发展、科学技术的进步、顾客需求期望的改变而改变。（4）模糊性。顾客难以精确把握什么情况下为满意，什么情况下为不满意，这种不明确性体现为对满意程度的不确定。（5）层次性。人的情感在强度上有明显的等级，顾客满意度也存在不同的等级，可以表现为非常满意、比较满意、满意等形式。

4.2.2.3 农村土地产权抵押融资模式顾客满意度影响因素

顾客满意度评价模型以美国顾客满意度指数模型（ACSI）运用最为广泛，美国顾客满意度指数模型（ACSI）由六个变量构成，其中顾客满意度是目标变量；顾客预期、质量感知和价值感知是顾客满意度的原因变量；而顾客抱怨和顾客忠诚则是顾客满意度的结果变量（李东等，2011）（见图4－5）。

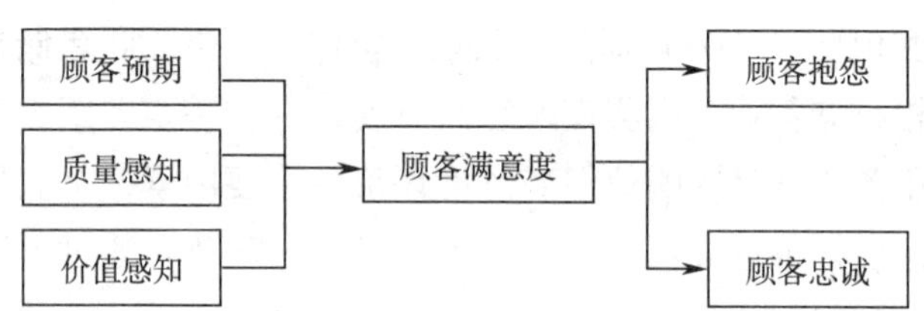

图4－5　美国顾客满意度指数模型

农地抵押融资满意度测评体系的构建是一个探索性的研究过程，需要在影响农户满意度的诸多因素中，选择有代表性且易于表达和测度的指标。文章在借鉴最为成熟的美国满意度指数模型改进的基础上，同时结合国内对商业银行顾客满意度的指标研究，从农地产权抵押融资业务和农户的特点出发，根据相关学者的研究成果，并结合调查问卷特点，构建农地抵押融资农户满意度测评体系。具体将农地抵押农户满意度影响因素分为质量感知、服务感知和价值感知三个方面（见图4－6）。

（1）质量感知取决于某种产品或服务的可靠性满足顾客要求的程度。对于农地抵押方面是指参与农户在进行农地抵押融资之后对业务的质量评

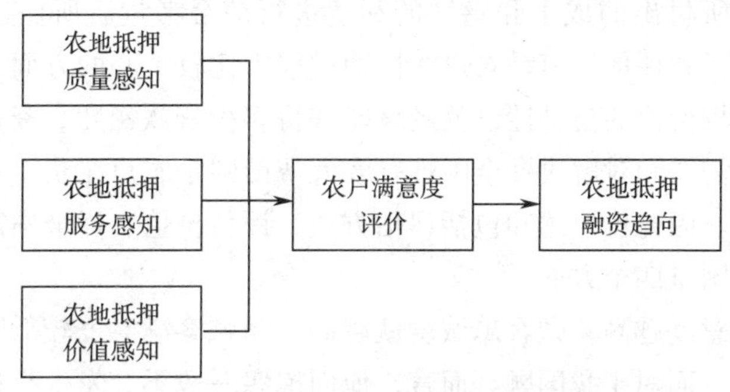

图4-6　农村土地产权抵押融资农户满意度评价模型

价，农地抵押作为金融机构所研发的一种金融产品，融资农户首先关心的是利率水平的高低，这会直接影响农户的收益成本关系；另外金融机构会对融资资金的用途方面进行相关限制，特别是服务“三农”项目更是有着明文规定，这一方面是为了国家政策的实际需要，防止资金用途不均衡，但是资金用途的严格限制反而会使得农户无法发挥资金效用最大化，从而造成融资农户的利益损失；另一方面因为县级金融机构相关工作人员较少，由此减少因为信息不对称所带来的损失；此外融资农户还比较关心还款期限和还款方式，大多数农户都或多或少从事与农业相关产业，由于农业作为一种弱质产业，具有“收益较低、期限较长、抗风险较弱”等弱点，特别是与自然环境有很大关系，因为不可抗因素而导致无法按时还款时，会对农户的生产生活造成一定影响。因此质量感知包括利率水平、用途限制、还款方式、还款期限四个方面。

（2）服务感知取决于顾客在购买某种产品时所享受到对方带来的便利程度或心理合适度。对于农地抵押方面是指参与农户在进行农地抵押融资时，对环境、机构、人员整体服务水平的评价。一般而言金融机构为了最大限度吸引顾客，提升经营绩效，会切身为顾客考虑，例如在交通枢纽地段开设分支机构以减少顾客往返的交通费用，精简业务办理流程使顾客能够在较短的时间内完成贷款业务，同时提高自身机构办理业务和员工服务的积极性。因此服务感知包括办理流程、贷后跟踪、交通便利、机构办理业务态度和员工服务态度五个方面。

（3）价值感知取决于顾客在对自己付出的总成本和得到的总价值进行分析和比较后做出的判断。对于农地抵押方面是指参与农户在进行农地抵押过程中对所付出的成本和感知的利益进行综合考量后所做出的总体评价。评估方式和评估价值是农户在抵押过程中比较关心的方面，因为这直接关系到产权价值的公平性以及最终能获得多少贷款额度。资金能多大程度满足自身需要和对解决资金困难有多大帮助则是农户在获得贷款后对其效用的评价。因此价值感知包括评估方式、评估价值、资金满足自身需求和解决资金困难四个方面。

顾客满意度越高，顾客忠诚度就越高，当顾客满意度较低时，他们就会发生抱怨，而对于我国顾客而言，他们抱怨一般不会发生直接正面的冲突和投诉行为，而是往往会把自己经历的遭遇讲给别人，而自己也不会再购买或享受其产品服务。具体到农村土地产权抵押融资方面，农户满意度越高，当参与农户遇到资金困难时，会再次选择此项业务，而当满意度较低时，他们也会将所经历和感受到的转达给还未参与的农户，这样不仅仅会影响到未参与农户的决策行为，同时他们也不会再选择农村土地产权抵押业务。上述变量之间关系如图 4－7 所示：

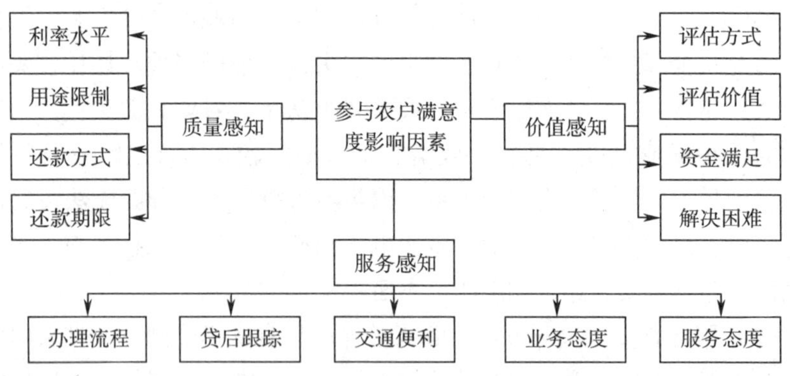

图 4－7　参与农户满意度影响因素分析框架

4.2.3　参与农户农村土地产权抵押融资满意度模型构建

Logit 分析广泛地用于因变量为二分类变量的回归模型，它采用极大似然法求解回归参数，通过概率值进行整体检验，P 表示事件发生概率，（$1-P$）表示事件不发生概率。文章中因变量指标为参与农户对土地产权抵押贷款融资政策评价的满意度，是一个概率值并且为 5 个离散变量指标，在进行模型回归前需转化为虚拟变量，因此选用多元有序 O－Logit 模型能够很好地测量变量之间的关系。采用多元有序 O－Logit 模型来考察参与农户对土地产权抵押贷款融资的满意度，把因变量分为非常不满意、不满意、一般、满意和非常满意。在借鉴黄祖辉（2011）和李剑（2012）模型的基础上我们把因变量的取值限定在［1，5］，分别把因变量赋值为："非常不满意"＝1，"不满意"＝2，"一般"＝3，"满意"＝4，"非常满意"＝5。

假设 μ_{ij} 表示第 i 个农户选用第 j 种策略的效用，当 $\mu_{ij} > \mu_{i\lambda}(j \neq \lambda)$ 时，追求效用最大化的农户此时会选择第 j 种策略，此时第 i 个农户使用第 j 种策略的概率为 $P(Y_i = j) = P(\mu_{ij} > \mu_{ik})$，假设 j 种类型相互独立且服从同样的威布尔分布，即 $F(\varepsilon) = \exp(e^{\varepsilon})$，则第 i 个农户选择第 j 种策略的概率为

$$P(Y_i = j) = \frac{e^{f(x_i)}}{1 + \sum_{k=1}^{j} e^{f(x_i)}} \quad i = 1,\cdots,n; j = 1,2,3,4,5 \qquad (4-2)$$

Logit 是指发生比的自然对数，发生比为 $P/(1-P)$，即某事件出现的概率与不出现的概率之比，具体表现为参与农户对土地产权抵押贷款融资满意度评价和其对立面评价的概率之比，由于发生比不是线性模型，因此取其自然对数就可转换为相应的线性方程式（吴明隆，2010）。

$$Logit(P) = \ln[P/(1-P)] = f(x) \qquad (4-3)$$

O－Logit 模型的具体形式如下

$$Logit(P) = \beta_0 + \sum_{\gamma=1}^{\theta} \beta_\gamma \chi_{\gamma i}$$
$$\gamma = 1,2\cdots, i = 1,\cdots,n; j = 1,2,3,4,5 \qquad (4-4)$$

根据 Logit 变换的定义有：将式（4－3）代入式（4－2）中，则第 i 个参与农户对土地产权抵押贷款融资满意度第 j 类发生的概率如下表示

$$P(Y_i = j) = \exp(\beta_0 + \sum_{\gamma=1}^{\theta} \beta_\gamma \chi_{\gamma i}) / [1 + \exp(\beta_0 + \sum_{\gamma=1}^{\theta} \beta_\gamma \chi_{\gamma i})] \qquad (4-5)$$

式中：i 代表农户样本，j 代表农户选择土地产权抵押贷款融资政策的满意度类别，$\chi_{\gamma i}$ 为影响第 i 个农户对评价土地产权抵押贷款融资政策的第 γ 个相关变量，β_γ 为影响变量估计参数，θ 为相关影响变量的个数（见表 4－10）。

表 4－10　　相关变量定义与描述性统计

项目	变量	定义	均值	标准差	预期方向
质量感知	政策评价	1＝非常不满意；2＝不满意；3＝一般；4＝满意；5＝非常满意	3.5178	0.8545	
	利率水平	1＝非常高；2＝有点高；3＝一般；4＝合理；5＝非常合理	2.7142	0.7019	+
	用途限制	1＝非常不合理；2＝不合理；3＝一般；4＝合理；5＝非常合理	2.9404	0.9331	+
	还款方式	1＝非常不合理；2＝不合理；3＝一般；4＝合理；5＝非常合理	3.4285	0.6970	+
	还款期限	1＝非常不合理；2＝不合理；3＝一般；4＝合理；5＝非常合理	2.3511	0.7825	+
服务感知	办理流程	1＝非常不满意；2＝不满意；3＝一般；4＝满意；5＝非常满意	3.375	0.7943	+
	贷后跟踪	0＝否；1＝是	0.6428	0.4805	−
	交通便利	1＝非常不方便；2＝不方便；3＝一般；4＝方便；5＝非常方便	3.8928	0.4647	+
	业务态度	1＝非常不积极；2＝不积极；3＝一般；4＝积极；5＝非常积极	3.8571	0.5166	+
	服务态度	1＝非常不满意；2＝不满意；3＝一般；4＝满意；5＝非常满意	3.9404	0.6353	+
价值感知	评估方式	1＝非常不合理；2＝不合理；3＝一般；4＝合理；5＝非常合理	3.3988	0.6578	+
	评估价值	1＝非常不满意；2＝不满意；3＝一般；4＝满意；5＝非常满意	3.4107	0.7686	+
	资金满足	1＝完全不能满足；2＝部分不能满足；3＝一般；4＝部分满足；5＝全能满足	3.4523	0.8320	+
	解决困难	1＝完全无帮助；2＝帮助不太大；3＝一般；4＝部分帮助；5＝十分有帮助	3.8083	1.0467	+

数据来源：参与农户相关数据整理所得。

质量感知方面，当地实行差别化的贷款利率定价，一般农户传统的种植养殖业贷款均按照从原有基准利率上浮100%下降到80%执行，一年期的贷款月利率为9‰；对于农村土地产权抵押贷款，月利率则在原基础上再下降1.5‰，个人贷款利率基本上都在7.5‰左右，当农户获得3万元的农地抵押融资时，每年利息会少缴纳540元左右，在一定程度上缓解农户融资成本高的问题，利率水平评价较好（2.7142）；对于用途限制认知，有些农户希望将融资用于收益回报较高的非农业，但由于在申请办理抵押业务时，农户就已经被告知贷款只能用于农业生产，因此农户对此并没有表示多大异议（2.9404）；还款期限上，金融机构为了有效降低金融风险，规定农地抵押贷款期限为一年，田雅静（2014）通过调研发现当地贷款期限分为1年和3年左右，但超过70%的贷款期限为1年。农业生产具有投资长、收益低、风险高等诸多缺点，当地获得贷款的农户普遍认为期限不合理（2.3511）。

服务感知方面，当地在办理农地抵押业务上有一套完整的流程，均严格按照贷款申请与受理—村委会或土地所有权人（出具意见函）—产权评估窗口调查（评估）—金融机构信贷准入（审查、审议）—审核及信贷审批—产权抵押登记窗口抵押登记—金融机构贷款发放与支付—金融机构贷后管理（不良信贷资产处置）—贷款收回进行办理，农户对上述流程基本表示接受（3.375）。交通便利方面，当地经济情况发展较好，公路覆盖当地的各个乡镇，每家农户基本都有出行交通工具，并且当地农村商业银行分支网点覆盖也较广，因此交通便利评价为良好（3.8928），同时获得融资的农户对机构办理业务态度和信贷人员的服务态度都表示满意，均值分别达到3.8571和3.9404。

价值感知方面，当地虽然初步建立了产权评估服务窗口，但农地价值评估方式仍然具有行政主义色彩，通常是由政府机构进行认定，并没有通过专业的公司进行评估，调查显示评估的土地价值是按照区域进行划分，不论是旱地还是水浇地的价值均在550元/亩至750元/亩，用于抵押土地价值=每亩土地价值×经营期限×土地面积，同时考虑到银行贷款风险和农户失地风险，再按照核算价值的一定比例发放贷款，因此从评估方式和评估价值方面，获得融资的农户均表示一般，均值分别为3.3988和3.4107。资金满足程度和解决困难程度方面，获得贷款农户表示感到满意，均值分别为3.4523和3.8083。

4.2.4 参与农户农村土地产权抵押融资满意度实证分析

对获得农地抵押融资的168户农户满意度进行多元有序O－Logit模型进行检验，模型结果详见表4－11。

表4－11 参与农户对农村土地抵押融资政策满意度估计结果

	解释变量	Coef.	Z
质量感知	利率水平	0.2080	0.78
	用途限制	－0.6080***	－3.07
	还款方式	1.2949***	3.61
	还款期限	－0.5918*	－1.91
服务感知	办理流程	0.6848**	2.24
	贷后跟踪	－0.2824	－0.79
	交通便利	0.3394	0.73
	业务态度	－0.0454	－0.12
	服务态度	0.0672	0.20
价值感知	评估方式	－0.3992	－1.19
	评估价值	0.5541**	2.10
	资金满足	0.4019*	1.68
	解决困难	0.4131***	2.74
		Loglikelihood	－151.2186
		Pseudo R2	0.2140
		Prob > chi2	0.0000

注：***、**、*分别表示1%、5%和10%的显著水平。

（1）质量感知方面：用途限制在1%的显著水平上通过检验，并且负向影响农户满意度评价，这主要是由于农地抵押融资是一项为服务“三农”研发的金融产品，因此在发放贷款时就规定了贷款项目需用于种植和养殖等农业领域方面，这在一定程度上限制了农户的资金用途可选择性，从对未来融资的期望与打算来看，当地农户希望用于生产性支出占比为40.31%，低于经营性支出8个百分点，这是由当地的经济环境所引起的，平罗县地处银川附近，受银川经济辐射的影响，当地的经济发展状况良好，农户有着更多的就业机会。另外平罗地区还有着丰富的旅游资源和矿产资源也会为农户的兼业行为带来更多机会，所以当农地抵押融资资金用途规定为种植和养殖时，会无形地阻断农户将资金投向收益回报更高的行业；还款方式在1%的显著水平上通过检验，并且正向影响农户评价，农村土地产权抵押的还款方式是“按季付息，逐年还本”，相比较一次性还清本息的方式，这样能够有效降低农户的资金成本，大部分农户比较认可这种还款方式；还款期限在10%的显著水平上通过检验，并且负向影响农户满意度评价。这主要是由于农地抵押作为当地试点推行的金融产品，目前都还只是在试验阶段，由于法律等相关方面的约束，金融机构为了有效地减少资金风险产生，绝大多数土地产权抵押融资的还款期限都为一年，由前面参与农户对还款期限的评价可以看出，当地评价均值为2.3511，均表示还款期限较为不合理，大部分农户对未来融资的期望还是希望贷款期限应更长一点。

（2）服务感知方面：办理流程在5%的显著水平上通过检验，并且正向影响农户满意度评价，这是因为当地规定农户持政府颁发的“农村土地承包经营权证”等资料申请贷款，主办金融机构对申请农户和村委会所提供资料进行核查，并向产权交易中心提出评估申请，再根据评估报告进行贷款额度审核后发放贷款，最后申请农户需到产权交易中心办理抵押登记手续，严格按照：申请—受理—调查—报告—认可—签证流程办理，只要农户严格按照以上程序进行办理，最终都会获得该项贷款；贷后跟踪虽然能够使金融机构掌握农户资金用途情况，并且根据农户实际情况制订方案有效化解相关风险，确保农户能够按时偿还贷款，促使农户农地抵押融资效用最大化，但是不合理的方式不仅不会让农户满意度增加，反而会让他们认为在资金用途以及后续处理方式上受到干扰，从而对机构的贷后跟踪产生抵触情绪；交通便利、机构开展业务态度和员工服务态度均对当地农户没有产生显著影响，可能的原因是平罗当地经济发展较好，公共交通设施比较完善，并且绝大多数农户家庭都拥有摩托车等交通工具，农户并不需要花费较多的成本往返于金融机构，因此交通便利程度对满意度评价影响不显著。农地抵押融资作为一种新兴金融产品，虽然当地利用媒体资源积极宣传相关政策内容，积极推动土地产权抵押融资，相关工作人员服务态度也很满意，受制于业务额度较低、期限较短等问题，农户更加看重的是如何获得更多贷款，因此农户更有可能选择其他更加优质的业务，机构员工的服务态度对农户满意度评价没有产生显著影响。

（3）价值感知方面：评估方式没有通过显著性检验，这是因为当地并没有专业性的评估机构参与，评估方式仍然带有行政主义色彩，当地对评估方式的均值在一般附近（3.3988）可以看出农户对这种评估方式不是持肯定态度的。但是评估价值却在5%的水平下通过了显著性检验，并且正向影响农户满意度评价，当地的评估方式虽然是由金融机构决定的，但在其评估价值方面，根据地区进行划分，将农地的每亩价值划分550~750元三个等级，并且原则上农户可以将所有的农地进行抵押，这在一定程度上弥补了没有专业评估机构评估农地价值所带来的缺陷。农户对业务满意度最直观的感受来源于资金满足程度和实际解决困难两方面，在农村普遍融资难的背景下，从对这两方面来看，当地能够有效地满足农户所需资金（3.4523），并且对农户资金困难也有部分帮助（3.8083），因此满足资金需要和解决资金困难均正向影响着当地农户满意度评价，农地抵押金融制度使得土地等农村产权得到释放，通过将其作为信贷制度安排有利于提供适合农业生产所需资金，初步解决了农民抵押难、融资难和担保难的问题（罗剑朝，2011）。

4.3 本章小结

本章从宁夏平罗农村土地产权抵押融资模式的农户参与意愿及其满意度出发，通过对受访农户的数据整理，运用二元Logit模型对总体受访农户参与农地抵押意愿进行分析。从获得融资的农户角度出发，构建农地抵押满意度评价指标体系，运用多元有序O-Logit模型对获贷农户进行实证分析，得出结论如下：

第一，总的来看，501户受访农户数据统计显示，当地有93.82%的农户均对农地抵押融资模式表示了解，了解途径主要来源金融机构、村干部和乡邻之间三个渠道。受当地经济情况发展影响，受访农户中有48.30%表示希望融资用途是经营性支出。

第二，受访农户中有386户农户表示愿意参与农地抵押融资，根据不同类型农户参与意愿分布来看，农户融资意愿占比19.16%、25.74%和32.14%，参与意愿随着农户兼业程度的增加而增加。其中年龄、文化程度、离农率、土地面积等变量均显著影响农户的参与意愿。

第三，受访农户中共有168户农户获得了农地抵押贷款，从获得贷款的农户数据统计分析得出，其中 66.67% 的获贷农户表示感到非常满意或是满意，总体评价较高，并认为农地抵押对解决资金困难有一定帮助，64.88% 的获贷农户明确表示还会继续选择该项业务，但是获贷农户中也有68.45% 明确表示融资渠道单一，其中 51.78% 表示能否按时归还贷款是他们参与农地抵押的首要考虑因素。通过构建农户满意度评价指标体系发现抵押资金用途限制、还款方式、还款期限、办理流程、评估价值、资金满足程度和解决资金困难作用影响显著。

第五章　宁夏平罗农村土地产权抵押融资模式市场供给主体分析

第四章从农村土地产权抵押融资需求主体出发对农户的参与意愿和满意度进行分析，本章从供给角度对金融机构相关数据进行分析，对于金融机构而言，重点在于农村土地产权抵押融资业务开展情况，该业务的开展是否能够有效增加金融机构经营收入，从而有效提升经营效率。此外农地抵押业务本身的办理手续以及所处的外部环境，如政策扶持程度、风险补偿基金、产权交易平台等相关因素均对金融机构开展业务积极性产生一定影响。鉴于此，本章以供给角度金融机构为研究对象，主要从开展农地产权抵押业务的效率与机构人员的参与意愿两方面进行相关实证分析。

5.1　农村土地产权抵押融资模式金融机构经营效率分析

数据来源于 2015 年 5 月课题组对平罗开展农村土地产权抵押业务的金融机构调研所得。调查发现当地目前共有 7 家金融机构在办理农村土地产权抵押业务，2013 年办理业务的有 5 家，分别是中国农业银行、农村商业银行、沙湖村镇银行、石嘴山银行和石银村镇银行，2014 年起中国银行和中国邮政储蓄银行也开始办理相关业务。

金融机构开展业务的效率与其发展目标和战略始终是保持一致的，对于金融机构而言，农地抵押业务能在多大程度上满足农户的融资需求是检验其效率的主要标准之一，如第四章参与农户认为农地抵押业务存在额度低、期限短等缺陷。在当前农村有效金融资源普遍供给不足的情况下，若是以牺牲金融机构自身信贷资源来单纯满足农户对资金的需求满足程度，这与金融机构的经营理念也是相违背的，因此需对金融机构开展农地抵押业务的经营效率进行分析。农地抵押业务效率高低是金融机构开展该项业务的可持续发展动力，只有通过农地抵押业务产生较为合理的收入才能促进持续地开展该项业务，为广大融资农户提供更好的服务。

5.1.1　金融机构开展农村土地产权抵押业务情况

5.1.1.1　农村土地产权抵押业务总体开展情况

通过对当地主办金融机构近三年来（2015 年截至第一季度，下同）开展农地抵押业务相关资料统计发现，7 家金融机构近三年累计发放农地抵押 10 902 笔，贷款金额 51 667 万元，抵押农地面积 231 054 亩。其中 2013 年分别发放农地抵押 955 笔，贷款金额 3 777 万元，农地面积 27 736 亩；2014 年发放 5 898 笔，贷款金额 27 177 万元，农地面积 121 709 亩；2015 年（第一季度）发放 4 049 笔，贷款金额 20 713 万元，农地面积81 609亩。从近三年农地抵押业务开展情况来看，无论是贷款笔数还是贷款规模，都呈现出较大幅度的增长，表明农村土地产权抵押融资在当地推广较为成功，金融机构的支农力度也在进一步加大，如图 5－1 所示。

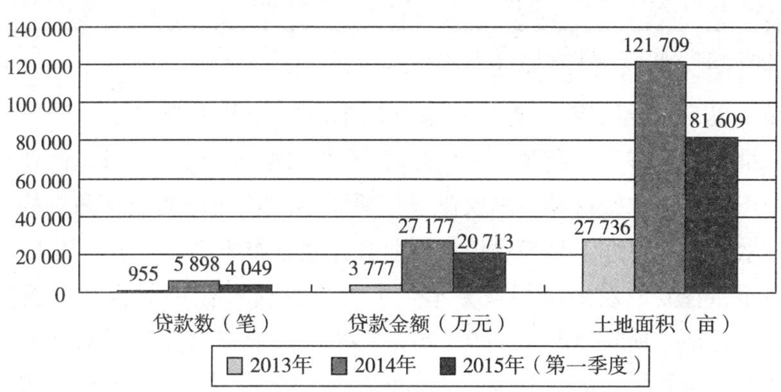

图 5－1　2013—2015 年（第一季度）农村土地产权抵押业务情况

从总体金融机构开展农地抵押业务的平均情况来看（见表 5－1），单笔农地抵押面积从 2013 年的 29.04 亩下降到 20.15 亩，单笔农地抵押业务抵押面积的缩小可以反映出该项业务更多地向普通农户倾斜，从而更好地照顾农地经营面积较小的群体；单笔农地抵押业务获贷额度从 2013 年的 3.95 万元增加到 2015 年的 5.11 万元，单笔获贷额度的增加，能够进一步有效满足农户的融资需求；每亩农地获贷额度从 2013 年的 1 361元增加到 2015 年的 2 538 元，用于抵押农地的评估价值也有一定程度提升。从三年的数据变化趋势来看，该业务呈现出农地抵押面积缩小、贷款额度增加的趋势，这比较符合当前农户土地细碎化经营、融资需求大的状态，对于普通农户而言，更容易接受农地抵押业务。从三年的平均数据发现，平均每笔农地抵押贷款为 21.19 亩，贷款金额为 4.73 万元，每亩农地能够获得贷款仅为 2 235 元，农地抵押业务仍然具有农地评估价值低、贷款额度低的缺陷，这与前面农户调研数据分析结论一致，表明该业务仍然属于小额贷款的范畴。

表 5－1　金融机构开展农村土地产权抵押业务平均情况　单位：亩，元

年份	单笔农地业务抵押面积	单笔农地业务获贷额度	每亩农地获贷额度
2013 年	29.04	39 500	1 361
2014 年	20.63	46 000	2 232
2015 年第一季度	20.15	51 155	2 538
三年平均	21.19	47 392	2 235

数据来源：根据宁夏平罗人行资料整理。

由表 5－2 可以看出近三年来不同金融机构开展农村土地产权抵押情况，虽然当地有 7 家金融机构在开展农村土地产权抵押业务，但业务主要集中于农村商业银行和中国农业银行两家金融机构，其他金融机构只是较为零散开展，总体上呈现农地抵押业务开展分布不均匀状态。从表 5－2 可以看出，在发放农地抵押业务笔数方面：农村商业银行累计发放 10 052 笔，占总体农地贷款笔数的 92.20%；中国农业银行累计发放 743 笔，占总体农地贷款笔数的 6.82%。农地抵押贷款金额方面：农村商业银行累计发放 47 195 万元，占总体发放农地贷款金额的 91.34%；中国农业银行累计发放 2 620 万元，占总体发放农地贷款金额的 5.07%。无论是农地抵押业务笔数还是贷款金额方面，农村商业银行和中国农业银行在农地抵押业务开展中都占据当地 95% 以上的市场份额。这与金融机构的市场定位有直接的关系，农村商业银行市场定位服务“三农”，该机构自然而然成为开展农地抵押业务的主力军，虽然近几年来中国农业银行业务逐渐向城市金融倾斜，但由于农地抵押业务具有强烈的政府主导行政色彩，作为主要的涉农金融机构，中国农业银行自然而然也会承担一定比例的农地抵押业务，但相较于农村商业银行的市场份额而言，其仍然显得微不足道，并且从人行相关资料统计发现，在 2015 年第一季度中国农业银行累计总共发放

的189笔农地抵押业务中，全部以农地承包经营权抵押只起辅助作用的贷款方式，而农村商业银行第一季度发放的3 810笔农地抵押业务中，完全以农地承包经营权抵押和农地承包经营权起主导作用的贷款方式占总体农地抵押业务的88.36%。[①]

表5-2　2013—2015年（第一季度）各金融机构农村土地产权抵押统计情况

	农地抵押业务数（笔）	农地抵押业务金额（万元）	农地抵押面积（亩）
农村商业银行	10 052	47 195	199 297
中国农业银行	743	2 620	7 595
沙湖村镇银行	52	360	9 510
石嘴山银行	20	522	4 022
石银村镇银行	7	151	3 785
中国银行	6	640	5 525
中国邮政储蓄银行	22	179	1 320

数据来源：根据宁夏平罗人行资料整理。

从各主办金融机构开展农地抵押业务的平均情况来看（见表5-3），各机构开展农地抵押业务的侧重点也有所不同。作为当地农地抵押业务主力军的农村商业银行和中国农业银行侧重于向普通农户发放贷款，单笔农地贷款抵押面积分别只有19.82亩和10.22亩，平均每笔农地贷款额度分别为46 951元和35 262元。其他金融机构则更侧重于向经营大户等发放贷款，单笔农地贷款抵押面积最高已经达到200亩以上，单笔农地贷款额度甚至达到100万元左右，这里需要说明的是经营大户在办理农地抵押贷款时，他们除了需提供土地流转合同以外，还需要提供一手产权人同意证明，只有在一手产权人同意的情况下，经营大户才能将用于流转的土地向金融机构申请抵押融资，否则金融机构不能为其办理农地抵押业务。

① 根据人行统计相关资料，“仅以农地承包经营权抵押的贷款”是指贷款抵押物只有承包土地经营权的贷款；“承包土地经营权抵押起主导作用的贷款”是指贷款抵押物中承包土地经营权抵押物价值大于等于50%；“承包土地经营权抵押起辅助作用的贷款”是指贷款抵押物中承包土地经营权抵押物价值低于50%。为了便于统计说明，只要是涉及土地承包经营权抵押的，都将其列入农地抵押业务范畴内，在此说明。

表 5－3　2013—2015 年（第一季度）各金融机构农村土地产权抵押平均情况

	单笔农地抵押面积（亩）	单笔农地获贷额度（元）	每亩农地获贷额度（元）
农村商业银行	19. 82	46 951	2 368
中国农业银行	10. 22	35 262	3 450
沙湖村镇银行	182. 88	69 231	379
石嘴山银行	201. 10	261 000	1 298
石银村镇银行	540. 71	215 714	399
中国银行	920. 83	1 066 667	1 158
中国邮政储蓄银行	60. 00	81 364	1 356

数据来源：根据宁夏平罗人行资料整理。

从图 5－2、图 5－3 可以看出近三年金融机构开展农地抵押业务的市场份额情况，无论是农地抵押贷款笔数还是农地抵押贷款金额都呈现出逐渐集中的趋势：农地贷款笔数占比方面，农村商业银行从 2013 年的 80. 84% 增长到 2015 年的 94. 10%，中国农业银行和其他金融机构分别从 2013 年的 16. 54% 和 2. 62% 下降到 2015 年的 4. 69% 和 1. 21%。尽管从前面统计资料发现其他金融机构的侧重点不同，主要向经营大户发放农地抵押贷款，单笔贷款额度较大，但是随着农地抵押业务贷款笔数占比的减少，农地抵押贷款规模占比仍然会随之减少；农地贷款额度占比方面，农村商业银行从 2013 年的 78. 50% 增加到 2015 年的 90. 67%，中国农业银行和其他金融机构分别从 2013 年的 12. 18%、9. 32% 减少到 2015 年的 4. 44% 和 4. 89%，这与贷款笔数占比的减少有直接关系。中国农业银行在

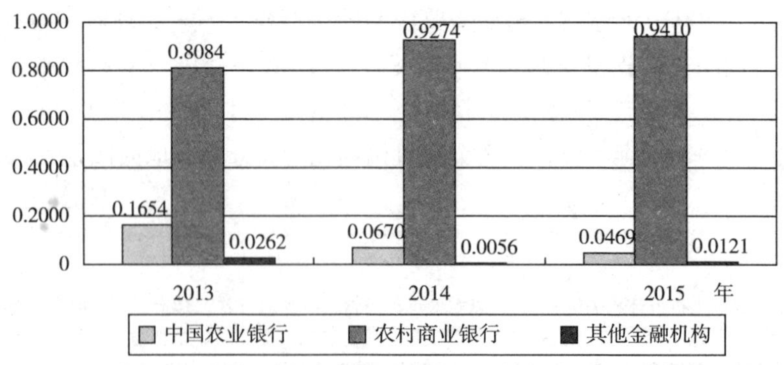

图 5－2　金融机构开展农村土地产权抵押业务笔数占比情况

当地农地抵押业务市场份额中占有一定比例，但是由于其市场定位转型，其在农地抵押业务的市场份额中也呈现出不断下降趋势，农地抵押业务基本上由当地农村商业银行主要承担。

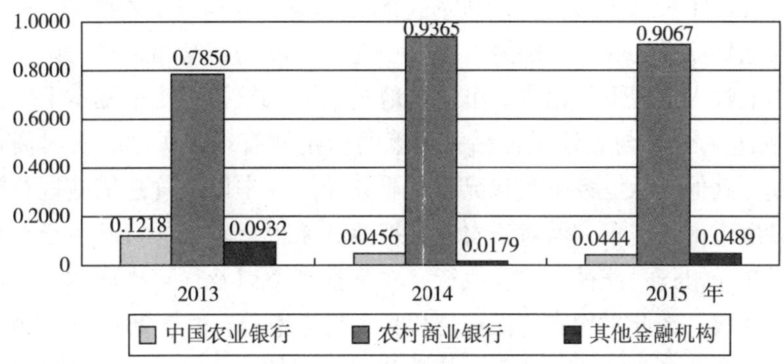

图 5－3　金融机构开展农村土地产权抵押业务金额占比情况

5. 1. 1. 2　农村商业银行开展农村土地产权抵押业务情况

从前面对各金融机构开展农地抵押业务市场份额的情况来看，由于农村商业银行占据了当地农地抵押业务 90% 以上的市场份额，因此笔者主要选取农村商业银行及其辖区内 20 个营业网点开展农地抵押业务的财务状况进行重点分析。

表 5－4　　农村商业银行 2013—2015 年（第一季度）经营情况

	总贷款笔数（笔）	贷款收入（万元）	农地贷款笔数（笔）	农地贷款收入（万元）	农地贷款收入占比（%）
2013 年	11 140	53 822	772	270	0. 5
2014 年	18 451	45 226	5 470	1 863	4. 11
2015 年第一季度	27 393	36 826	3 810	1 506	4. 08

数据来源：根据平罗农村商业银行资料整理。

由表 5－4 可以看出农村商业银行在 2013—2015 年（第一季度）的发放贷款收入分别为 53 822 万元、45 226 万元和 36 826 万元，其中通过发放农地贷款收入分别为 270 万元、1 863 万元和 1 506 万元，农地贷款收入分别占当年贷款收入的 0. 5%、4. 11% 和 4. 08%。虽然农地贷款收入随着贷款规模的增加而增加，但农地贷款收入占贷款总收入仍然较低，其主要原因是农地抵押业务作为当地政府为缓解农户抵押难、融资难而进行创新的农村金融产品，更多的是从农户角度进行考虑，因此对该业务的贷款利率设置比其他业务更低，机构开展农地抵押贷款业务的收入自然就不高。从单笔农地抵押贷款的收入情况来看，农地抵押贷款收入明显低于其他业务收入，近三年贷款平均收入分别为48 314 元/笔、24 511 元/笔和13 443元/笔，农地贷款平均收入分别为3 497 元/笔、3 405 元/笔和3 952 元/笔，总贷款单笔收入呈现下降趋势，单笔农地贷款收入较为稳定，基本上维持在3 500 元左右。这与农地抵押相关政策的稳定性有很大关系，农村商业银行会随着其他贷款业务盈利状况而对业务开展成本以及优惠措施进行随机调节以适应市场需求，但对于农地抵押业务来说，较强的行政主导色彩使得农村商业银行只能被动接受执行，在贷款利率以及优惠措施方面并没有较多主动权，因此平均农地抵押贷款收入较为稳定。由于2013 年当地才开始办理相关业务，总体农地贷款笔数和规模都较少，随着农户的接受程度和机构信贷人员对相关贷款程序的了解熟悉，农地抵押业务在接下来保持较高幅度的增长，2014 年全年共办理5 470 笔贷款，2015 年第一季度已经办理3 810 笔贷款，占到2014 全年的69.65%。

农村商业银行辖区内20 个营业网点农地抵押业务相关数据统计如图5－4所示，受制于营业网点分布区域经济状况发展不同，各营业网点开展农地抵押业务量也呈现出大小不同势态，平罗当地有着丰富的矿产和旅游资源，居住在该区域的农户主要收入来源大多以非农收入为主，因此处于这些区域的营业网点开展农地抵押业务量明显低于专门从事农业区域抵押业务量。据调研数据分析发现，分布在有丰富矿产和旅游资源区域的营业网点，近三年来平均发放农地贷款额最高为942 万元（样本1），最低为57 万元（样本15），而处于传统农业区域的营业网点近三年来平均发放农地贷款额最高为1 667 万元（样本12），最低为628 万元（样本13）。从农地贷款收入占该营业网点当年贷款业务收入比例来看，近三年平均占比最高的是14.40%（样本14），占比最低的是0.03%（样本15），农地抵押贷款收入占到该营业网点贷款收入10%以上的仅仅只有4 家，剩余的16 家农地抵押贷款收入占比全都在7%以下，其中有一半的营业网点占比处于3%以下。农地抵押贷款收入占比情况说明农地抵押业务并不是营业网点开展贷款业务的主要收入来源，其业务的发展面临较大外部环境压力，收入占比较低会是阻碍营业网点持续开展农地抵押业务的主要因素。

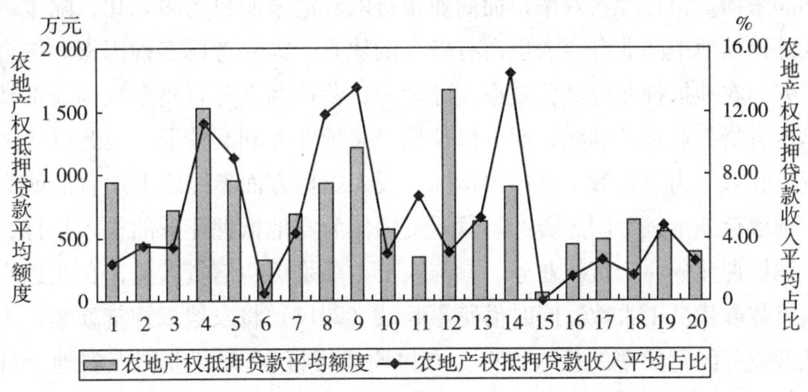

图5-4　农村商业银行各营业网点开展农村土地产权抵押业务基本情况

5.1.2　金融机构开展农村土地产权抵押业务经营效率理论分析

在金融机构经营效率的评价中，投入产出指标的合理定义与选择是进行准确效率分析的前提和关键。国内学者主要采用生产法、中介法和资产法三种方法进行投入产出指标的选取，其中中介法因为数据的可获得性成为最常用的研究方法，部分学者研究的常用选取指标如表5-5所示，从国内部分学者的投入产出指标统计可以看出，在对指标的选择上呈现出相似性，投入指标主要集中在员工人数、固定资产、营业费用和存款余额方面，而产出指标则主要体现在利润方面。

表5-5　　部分学者对金融机构经营效率投入产出评价指标选取情况

	投入指标	产出指标
段永瑞	员工人数、固定资产、营业费用	营业收入
胡援成等	存款、营业费用、资本充足率、固定资产	税前利润
迟国泰等	员工人数、固定资产净值、营业费用、机构数	贷款、营业收入
张健华	固定资产、营业费用、注册资本	税前利润、存款、贷款
胡竹枝等	存款、员工人数、固定资产	贷款、利润
曾俭华	员工人数、固定资产、存款	贷款、利润

由于测量的是各营业网点农地抵押业务的经营效率状况，在选择投入产出指标时并不完全按照商业银行的选择方式。商业银行都是以存贷业务为核心，魏煜和王丽（2000）认为金融机构经营最终结果是获得收益，通常以经

营利润来衡量银行经营效率，而商业银行的利润来源较为多元化，除了利差收入外，其他中间业务收入也占有较大的比重，需要考虑多种因素。结合本章研究的农地抵押业务经营效率实际情况，营业网点乃至整个机构通常核算的是所有贷款业务的利润，而不单独核算某项业务利润情况，因此以农地抵押业务收入作为经营效率的产出指标。投入指标方面参照以上学者的研究成果，选取存款余额、固定资产、营业费用作为农地抵押业务的投入指标，另外农地抵押业务属于贷款业务，参与人员主要是机构信贷人员，在此选用信贷人员数取代员工人数，同时借鉴惠献波（2014）将农地抵押贷款额作为农地抵押业务经营效率的投入指标。农村商业银行 20 家营业网点农地抵押业务投入产出指标描述统计如表 5 -6 所示。

表 5 -6　　农村土地产权抵押业务经营效率的投入产出指标体系及描述性统计　　单位：万元/人

类别	变量设定	指标构成	最小值	最大值	均值	标准差
投入指标	可贷资金	当年存款余额	4 014	166 149	24 040. 31	32 756. 01
	资产净值	账面固定资产净值	22	3 174	210. 67	645. 08
	经营投入	当年营业费用	51	25 448	1 039. 58	3 830. 27
	信贷人员	从事贷款人员	3	6	4. 33	0. 65
	农地抵押贷款	当年农地抵押贷款额	0	2 808	719. 50	702. 3
产出指标	农地抵押收入	当年农地抵押贷款收入	0	227	60. 79	57. 26

数据来源：根据宁夏平罗农村商业银行各营业网点整理，营业网点并不单独统计固定资产净值指标，但由于国内学者在投入指标方面都会选择该指标，因此在实际调研中，由各营业网点主要负责人根据各自网点的实际情况进行估算所得。

5. 1. 3　金融机构开展农村土地产权抵押业务经营效率模型构建

农地抵押业务该如何发展以更好地解决三农融资难题已成为一个亟待解决的现实问题，同其他贷款业务一样，农地抵押业务的经营效率如何将直接决定其业务开展生命周期的长短程度。业务不同发展阶段具有不同的运行轨迹和政策需求，因此建立科学的农地抵押业务经营效率评价指标体系对促进该项业务的健康发展具有重要意义。通过对已有文献梳理，金融机构经营效率主要研究方法包括随机边界函数分析（SFA）（张金清和吴有红，2010；于研和孙磊，2010；李双杰和宋秋文，2010；张振海和茹少峰，2011）和数据包络分析（DEA）（张健华，2003；胡援成等，2006；

迟国泰等，2006；杨大强和张爱武，2007；褚保金等，2007；曾俭华，2011；段永瑞和孙丽琴，2013；胡竹枝等，2015）。

SFA 方法要对函数形式事先进行假定，并需检验参数估计的有效和合理性，同时还要考虑随机误差项的作用，DEA 方法不需要事先假定函数形式，但是它忽略随机误差项的存在，会使估计出现一定偏差。因此对于这两种方法各自的优缺点，目前学术界还没有达成一致意见认为哪种方法更加有效。Berger 和 Humphery（1997）研究认为通过 SFA 和 DEA 方法估计金融机构经营效率值较为近似，只是通过 SFA 方法达到精确估值需要更加丰富的数据，如他们采用美国近 6 000 家银行 6 年的数据。DEA 方法在数据的要求上没有那么高的要求，并且还存在如下优势：（1）DEA 不需要对预设函数和相关参数进行认定估计，在实际应用中较为可行；（2）DEA 评估效率结果为综合性指标，可对不同的评估单元做横向比较；（3）DEA 显示的效率值是相对效率而不是绝对效率，这比较符合实际。

通过前面数据分析得出农村商业银行的农地抵押业务占当地 90% 以上的市场份额，因此选取了农村商业银行 20 个营业网点的相关数据，这些网点的经营情况较为相近，通过数据包络分析法（DEA）从总技术效率、纯技术效率与规模效率三个角度对开展农地抵押经营效率进行测算。

假设每个营业网点表示一个独立的决策单元（DMU），$DMU_j(j=1,2,\cdots,n)$。针对农地抵押业务本身，每个决策单元（DMU）有 m 种投入和 s 种产出，X_{ij} 代表第 j 个决策单元（DMU）的第 i 项投入总量；Y_{ij} 代表第 j 个决策单元（DMU）的第 i 项产出总量；其中 $X_j=(x_{1j},x_{2j},x_{3j},\cdots,x_{mj})^T$ 表示农地抵押业务投入向量，$Y_j=(y_{1j},y_{2j},y_{3j},\cdots,y_{sj})^T$ 表示农地抵押业务产出向量。依据 DEA 方法的评价思想构造不同规模报酬下（BCC 模型）各营业网点开展农地抵押业务的经营效率情况，这也比较符合当前不同营业网点运行现状特点。

$$V_D=\min\theta$$

$$S.T.\begin{cases}\sum_{j=1}^{n}\lambda_j X_j\leqslant\theta X_t\\ \sum_{j=1}^{n}\lambda_j Y_j\geqslant Y_t\\ \sum_{j=1}^{n}\lambda_j=1\\ \lambda_j\geqslant 0,j=1,2,\cdots,n\end{cases}\qquad(5-1)$$

式中：λ_j 表示 n 个决策单元（DMU）的某种组合权重；V_D 表示第 t 个决策单元（DMU）的相对效率评价结果。当引入松弛变量后，式 5－1 可写成：

$$V_D = \min\theta$$

$$S.T. \begin{cases} \sum_{j=1}^{n} \lambda_j X_j + S^{-0} = \theta X_t \\ \sum_{j=1}^{n} \lambda_j Y_j - S^{+0} = Y_t \\ \sum_{j=1}^{n} \lambda_j = 1 \\ S^{-0} \geqslant 0, S^{+0} \geqslant 0 \end{cases} \qquad (5-2)$$

式中：θ 为样本单位的效率值，它表示的是相对效率，效率值范围为 $0 \leqslant \theta \leqslant 1$，$S^{+0}$、$S^{-0}$ 表示松弛变量。当 $\theta = 1$ 时表示该机构是相对有效的，其中 $S^{-0} = S^{+0} = 0$ 时，表示该营业网点开展农地抵押业务有效；当 $S^{-0} > 0$ 或者 $S^{+0} > 0$ 时，则表示营业网点开展农地抵押业务弱有效，表示只存在规模有效或者是纯技术有效的情况。若 $\theta < 1$ 时，则认为该营业网点开展农地抵押业务无效。

5.1.4 金融机构开展农村土地产权抵押业务经营效率实证分析

由于 2015 年数据只统计到第一季度，因此根据农村商业银行 20 家营业网点 2013—2014 年开展农地抵押业务的相关数据运用 DEP2.1 软件测算，得出的综合效率、技术效率和规模效率结果如表 5－7 所示。

表 5－7　2013—2014 年农村商业银行开展农村土地产权抵押业务经营效率均值情况

	2013 年	2014 年
综合效率	0.965	0.682
技术效率	0.985	0.949
规模效率	0.979	0.701

由表 5－7 可以看出营业网点开展农地抵押业务的综合效率值呈现较大幅度波动，近两年综合效率值分别为 0.965 和 0.682，从前两年的经营效率来看，农村商业银行开展农村土地产权抵押融资业务的效率是降低的。

农地抵押业务的效率波动幅度较大与业务办理时间短有很大关系，

2013 年当地才正式办理农地抵押业务，由于信贷人员对业务流程的不熟悉和在农户中推广普及程度低，并且农地抵押业务的特殊性，它涉及农户的根本社会生活保障问题，信贷人员在最初受理该项业务时会显得较为谨慎。开办之初无论是贷款规模还是贷款笔数都比较少，信贷人员在办理业务的整个过程中所遇到的问题和阻碍相对较少（如咨询业务人数、办理业务成本、违约情形等），农地抵押业务的综合效率反映情况较好（0.965）。2014 年开展农地抵押业务效率值的大幅度降低，主要由以下两点原因造成：一方面针对农地抵押业务本身，它是为了缓解农村抵押难、融资难和担保难而创新的农村新型金融产品，其立足点本身就是为广大农户服务的，因此业务的相关设置也是以农户为中心，从前面小节的分析中可以看出农村土地产权抵押融资业务（贷款笔数和贷款规模）都有着较大幅度的提升，同时又由于其本身的特殊性使得业务从基准价格评估、融资利率和期限、抵押物的处置以及受偿方面都必须严格按照政府制定的相关政策执行，金融机构并不能像其他小额贷款业务那样可以根据市场实际供求情况进行调节，而只能是被动地接受，该业务经营效率的降低表明其更多的福利向广大农户聚集；另一方面由于农地抵押业务的贷款利率比一般贷款业务低，随着该业务在当地的普及程度增加和信贷人员办理业务流程的熟练程度增加，2014 年的贷款笔数和贷款规模有着明显幅度的增长。办理业务的增加，所需投入的资金、人员成本都会相应增加，各营业网点本身的发展规模并不会在短期内有明显的改变，并且某些“聪明”农户认为即使他们不按期偿还农地抵押贷款，各营业网点也不会将其用于抵押的土地真正交由农村产权交易中心进行变现处理，所以农地抵押违约处置风险对于他们来说是不可置信的，这会在某种程度上提升农地违约率的发生，故其经营效率呈现较大幅度的降低。

综合效率值是由技术效率和规模效率乘积所得，因此技术效率和规模效率也都如综合效率呈现出类似波动。波动幅度方面规模效率明显高于技术效率，这表明营业网点开展农地抵押业务综合效率波动幅度主要是由规模效率所引起的。从各营业网点农地抵押业务运行效率可以看出，综合效率方面：2013—2014 年，在 20 个营业网点中依次只有 8 家和 4 家开展农地抵押业务相对有效（综合效率值达到 1.000），分别占到受访营业网点的 40% 和 20%。大部分营业网点未达到有效状态，说明这些网点在开展农地抵押业务过程中偏离了最优生产前沿面，需要加强农地抵押业务管理和增加农地抵押收入来提高营业网点开展农地抵押业务的运行效率；技术效率方面：总体来看当地开展农地抵押业务的技术效率较高，近两年平均值分别为0.985和0.949，但是从个体情况来看呈现出较大的差异性，在这些效率值中最高1.000，最低也只有0.667 。技术效率低表明这些营业网点在农地抵押业务开展过程中投入资源配置不够合理，技术效率值还有待进一步提升，如可以在保持现有农地抵押收入能力水平前提下，通过有效分配可贷资金、经营投入等方式来提高开展农地抵押业务的技术效率水平；规模效率方面：总体来看当地开展农地抵押业务的规模效率与综合效率较接近，近两年的平均值分别是0.979和0.701，规模效率低下也是导致整体综合效率不高的主要原因，规模效率未达到有效状态的营业网点中，98%都是处于规模报酬递增状态，因此需要增加各种投入要素量，加大各种资源投入力度以进一步提升规模效率（见表5-8）。

表5-8　2013—2014年农村商业银行营业网点开展农村土地产权抵押业务效率情况

样本编号	2013年			2014年		
	综合效率	技术效率	规模效率	综合效率	技术效率	规模效率
1	0.833	1.000	0.833	0.122	1.000	0.122
2	0.904	0.913	0.990	0.480	1.000	0.480
3	1.000	1.000	1.000	0.721	1.000	0.721
4	1.000	1.000	1.000	1.000	1.000	1.000
5	1.000	1.000	1.000	0.965	1.000	0.965
6	1.000	1.000	1.000	0.430	0.800	0.537
7	1.000	1.000	1.000	0.748	1.000	0.748
8	0.938	1.000	0.938	0.929	1.000	0.929
9	0.977	1.000	0.977	1.000	1.000	1.000
10	0.957	1.000	0.957	0.624	1.000	0.624
11	0.987	0.989	0.998	1.000	1.000	1.000
12	1.000	1.000	1.000	0.999	1.000	0.999
13	1.000	1.000	1.000	0.813	1.000	0.813
14	0.992	1.000	0.992	1.000	1.000	1.000
15	—	—	—	0.115	0.667	0.173

续表

样本编号	2013 年			2014 年		
	综合效率	技术效率	规模效率	综合效率	技术效率	规模效率
16	1.000	1.000	1.000	0.183	0.716	0.255
17	0.983	0.993	0.990	0.579	0.800	0.723
18	0.920	0.924	0.995	0.708	1.000	0.708
19	0.886	0.897	0.987	0.672	1.000	0.672
20	0.894	1.000	0.894	0.559	1.000	0.559

注：样本 15 在 2013 年未开展农地抵押业务，因此不在统计范围内。

5.2　农村土地产权抵押融资模式金融机构参与意愿分析

农村商业银行20个营业网点的农地抵押融资业务经营效率普遍反映不高，具体办理该业务机构人员对其看法又如何，笔者从该营业网点的机构人员作为访问对象，金融机构在规避信用风险方面实行严格问责制度，农地抵押融资从最初发放到贷款最终收回，机构参与人员需全权负责，并且贷款收回质量高低与机构参与人员的绩效直接挂钩，通过访问相关机构人员可以较好反映出金融机构对农地抵押业务的相关态度。向机构人员累计发放问卷96份，收回有效问卷96份，机构人员意愿问卷设计内容参考王兴稳等（2007）、兰庆高等（2011）、林乐芬等（2011）、黄惠春等（2013）、惠献波（2014）的研究成果，机构人员意愿问卷设计主要包括三方面内容：一是机构人员的基本情况，二是机构人员对农地抵押业务相关看法，三是影响机构人员参与农地抵押业务的相关因素。

5.2.1　金融机构人员样本特征分析

从20个营业网点受访机构人员的基本情况来看，年龄大多集中在30～39岁年龄段，总共49人，占受访机构人员的51.04%，从事农地抵押业务的受访机构人员年龄适中；文化程度方面，高中及其以下有10人，占到受访机构人员的10.41%，中专及其以上有86人，占到总体受访机构人员的89.59%，较高的文化程度能够确保农地抵押业务工作的顺利开展，在贷款对象的甄选和风险控制方面会更加有效；工作年限方面，有43人的工作年限在5～10年，占到受访机构人员的44.79%，平均工作年限为7.5年，受访人员具有较丰富的工作经验。根据以上受访机构人员的特征，受访者的意愿基本能客观反映出整体对农地抵押业务的实际看法（见表5-9）。

表5-9　金融机构人员基本特征情况

项目	指标	人数	比例（%）	项目	指标	人数	比例（%）
年龄	≤29岁	27	28.13	学历	初中及以下	2	2.08
	30~39岁	49	51.04		高中	8	8.33
	40~49岁	18	18.75		中专和大专	40	41.67
	≥50岁	2	2.08		本科及以上	46	47.92
工作年限	≤5年	27	28.13	职位	信贷人员	48	50.00
	5~10年	43	44.79		前台员工	28	29.17
	10~15年	17	17.71		信贷经理	9	9.38
	≥15	9	9.37		支行行长	11	11.45

数据来源：根据宁夏平罗农村商业银行工作人员数据调研整理。

5.2.2　金融机构人员对农村土地产权抵押业务态度分析

（1）农村土地产权抵押业务前景及参与意愿。

对于当地推行农地抵押业务的发展前景，调查结果表明受访机构人员中有69人表示对该项业务看好，占到总体受访人员的71.43%，主要原因是国家政策大力扶持“三农”业务，积极引导和鼓励当地创新农村融资业务，以缓解农村抵押难、融资难的问题。农地抵押作为近年来新兴的农村融资业务，在相关政策文件上已得到许可，绝大多数机构人员认为农地产权用于抵押将会是以后农户进行融资的主要手段，因此对该项业务的前景普遍表示看好。

农地抵押参与意愿方面，受访机构人员中有52人表示愿意参与农地产权抵押融资业务，仅占到总体受访人员的54.17%，明显低于业务前景看好比例。虽然普遍对农地抵押业务的发展前景看好，但是机构人员认为农地抵押业务在具体执行过程中会遇到不小阻碍，存在较大风险，这些风险的存在会阻碍机构人员参与意愿。值得注意的是，不同职位机构人员的参与意愿呈现出较大差异，具体工作当中不涉及农地抵押业务工作人员的参与意愿明显高于会涉及该业务的工作人群。如职位为支行行长和前台员工的参与意愿调查发现，愿意参与农地抵押业务比例分别占到该职位的81.81%和75%，而职位为信贷员和信贷经理的比例仅为37.5%和44.44%，处于农地抵押信贷业务最前沿的机构人员的参与意愿比例最低（见图5－5）。

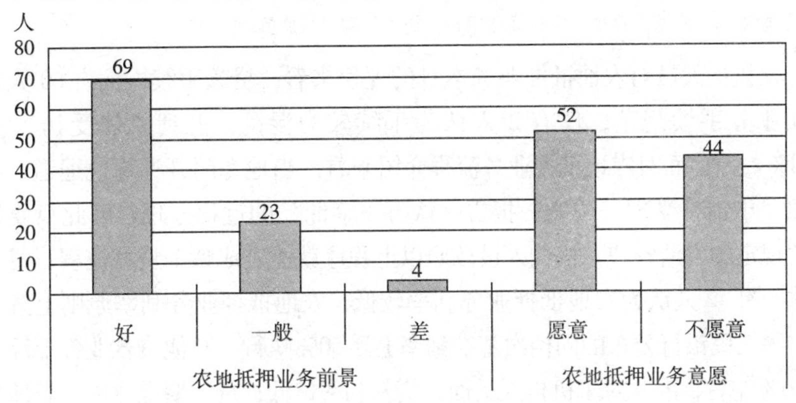

图5－5　农村土地产权抵押业务前景及参与意愿看法

机构人员拒绝给农户办理农地抵押业务的主要原因，问卷中设计包括农业经营风险、抵押物不符合要求、农户信用低、无有效担保人、抵押物价值难以评估和抵押物变现难6个选项。经统计发现，影响机构人员拒绝办理农地抵押业务前三的主要原因分别是抵押物变现难（54次）、抵押物价值评估低（50次）和抵押物不符合要求（49次）（选项为多项选择，因此选项总数会高于样本总数）。由此可以看出，农村土地作为抵押物本身是引起机构人员办理该项业务意愿不高的根本原因。这与农村土地目前作为广大农户的社会生活保障息息相关，一方面政府希望能将农户有限的资产用于抵押，缓解农户抵押难、融资难的问题；而另一方面金融机构又会担心当农户不能偿还贷款时，用于抵押的农地进行交易，从而影响农户的正常生产生活，这两方面的冲突会造成机构人员办理农地抵押业务时的矛盾心态。

（2）农村土地产权抵押业务评价。

农地抵押业务主要从贷款手续、贷款利率和贷款期限三个方面进行评价（见表5－10）。

表 5-10　　机构人员对农村土地产权抵押业务看法

	贷款手续			贷款利率			贷款期限		
	规范	一般	混乱	低	一般	高	短	一般	长
人数（人）	60	34	2	42	52	2	48	35	13
比例（%）	62.5	35.42	2.08	43.75	54.17	2.08	50.00	36.46	13.54

数据来源：根据宁夏平罗农村商业银行工作人员调研数据整理。

从机构人员对农地抵押业务本身的评价来看，贷款手续方面有 60 人认为该项业务手续规范，仅有 2 人认为手续较为混乱，占到总体受访人员的 2.08%。由前面对农地抵押业务流程介绍来看，当地专门开通绿色通道，严格按照“申请—受理—调查—报告—认可—签证”的过程办理，因此只要符合相关规定的申请农户，机构人员按照以上程序就能完成整个贷款流程；贷款利率方面有 42 人认为农地抵押业务利率较低，农地抵押业务利率原则上按不高于中国人民银行公布的同档次基准利率上浮 50% 执行，其他贷款业务上浮空间为 80% 左右，因此对于机构人员而言贷款利率偏低；贷款期限方面，农地抵押业务的期限通常为 1 年左右，最长不能超过 3 年，有 48 人认为农地抵押业务期限是较短的。业务利率偏低会减少金融机构业务收入，由于收入的降低，机构更加希望增加资金的流动性以带来更高收益，出于农地抵押业务特殊性和资金安全角度考虑，机构人员更加希望农地抵押业务的期限越短越好。

（3）农地作为抵押物看重因素重要程度。

将产权稳定性、农地评估价值、出现违约风险时贷款追回难度和农地处置成本四项作为机构人员所顾虑农地作为抵押物的相关因素，根据机构人员将其四项按照重要程度进行相应排序，并按照重要程度分别赋予 0.4、0.3、0.2、0.1 的权重，如农地处置成本为 $35\times0.4+30\times0.3+23\times0.2+14\times0.1=29.0$，按此计算出每项指标的分值，分值大者说明机构人员越看重此项因素（王兴稳等，2007）。

表 5-11　　机构人员农村土地抵押物相关因素重要程度排序

重要程度 相关因素	第一	第二	第三	第四	得分
产权稳定性	20	14	20	27	18.9
农地评估价值	17	27	23	30	22.5
贷款追回难度	24	25	30	25	25.6
农地处置成本	35	30	23	14	29.0

数据来源：根据宁夏平罗农村商业工作人员调研数据整理。

从机构人员对农地作为抵押物相关因素重要程度排序发现，当农地抵押出现违约风险时，农地处置成本和贷款追回难度的得分居于前两位，分别为 29.0 和 25.6；农地产权稳定性和农地评估价值居于后两位，分别为 18.9 和 22.5。这表明机构人员在发放农地抵押贷款时，农地处置难度和贷款追回难度是其首要考虑因素，而产权稳定性和农地市场价值高低居于其次，这与兰庆高等（2013）、王兴稳等（2007）相关研究结果不符。可能的原因是平罗当地农村土地确权已经基本上完成，相关资料显示农民集体荒地承包经营权、土地承包经营权和宅基地使用权颁证率分别达到 100%、97.2% 和 96%，对于机构人员来说基本上全覆盖的确权农地在办理农地抵押业务时已经不存在权属不清晰现象。由前面的数据统计发现，农地价值评估低是机构人员拒绝给农户办理的主要原因，当地自 2012 年出台农地价值评估标准以来，评估标准就再也没有发生变化，也没有引入有效的第三方评估机构，因此农地价值的评估具有明显的行政主义色彩。农地价值的评估是由当地农村产权交易中心进行核算，对于机构人员来说，他们并不参与农地价值的评估过程。

（4）农村土地产权抵押价值评价。

在对农地抵押价值的看法中，仅有 9 人认为农村土地价值高，占总体受访人员的 9.38%，表明在机构人员心目中当前的农地抵押价值并不高。平罗当地的农村土地产权抵押融资模式具有明显的行政主导色彩，并没有建立完善的农地等级评估服务机构，农地正常年景的平均收益并不能准确地被信贷员观察到，往往只是根据政府所给出的评估方法进行评估，这导致评估出的农地价值并不高，事实上当农户用于抵押的农地价值越小，贷款人的期望收益也会随之下降，农地抵押资金所面临的违约风险也变大。对于是否达到抵押物的需求，高达 67.71% 的机构人员认为农地没有达到金融机构相关抵押要求。农村土地价值的高低与它所处的地理区域有直接关系，城镇化程度越高的地方，农村土地价值就越高，并且城镇化程度越高的地方，土地保障作用的弱化也为农地抵押业务的开展提供了基础条件。王兴稳等（2007）认为只有在农地价值足够高并且其承担的生存保障功能较弱时，金融机构才愿意接受农地作为抵押物，农地金融才能得以发展。而在城镇化程度不高的地方，农户承包土地的经营规模较小，土地价值也相对较低，金融机构并不愿意将土地作为抵押物。农地抵押虽然没有达到金融机构抵押物的相关需求，但是地方政策、银行贷款任务和机构考核指标的影响使得机构人员必须发放农地抵押贷款，因此对农地抵押的授信额度上会降低，见表 5 - 12 所示。

表 5 - 12　　机构人员对农村土地产权抵押价值的看法

	农村土地价值如何			是否满足机构抵押需求	
	高	一般	低	是	否
人数（人）	9	47	40	31	65
比例（%）	9.38	48.96	41.66	32.29	67.71

数据来源：根据宁夏平罗农村商业银行工作人员调研数据整理。

（5）农村土地产权抵押配套设施评价。

对于农地抵押业务相关配套设施方面的看法，主要从风险补偿基金、产权抵押交易平台和产权价值评估机构帮助程度三个方面进行分析说明。风险补偿基金方面，有 46 人认为风险补偿基金有帮助，占到总体受访机构人员中的 47.92%，风险补偿基金的设立是基于当农地抵押业务风险发生时，抵押农地处置与农户社会生活保障之间冲突而设立的，能够在很大程度上降低金融机构发放农地抵押信贷的损失；产权抵押交易平台方面，仅有 15 人认为交易平台有帮助，占到总体受访机构人员的 15.63%，产权抵押交易平台的主要功能就是当农户不能偿还农地抵押贷款时，金融机构为了追回所欠贷款，将用于抵押的农地拿到产权抵押交易平台进行交易，根据交易的相关收入弥补有效贷款。产权抵押交易平台虽然具有此项功能，但在对机构人员的走访调查得知，目前当地产权抵押交易平台还没有处理一笔不良农地抵押贷款。主要的原因是将农地抵押进行变现交易，一方面是变现难、价值低问题，农地细碎化经营造成其在交易市场难以变现，并且即使变现后，农地价值也不能有效弥补所欠不良贷款；另一方面是金融机构自身也不太可能将用于农户社会生活保障的土地进行交易，这在法律中并不允许。因此大部分农地所欠贷款，机构人员仍然像其他贷款业务那样主要采用催收的方式，或者通过担保人偿还所欠贷款；产权评估机构方面，28 人认为产权评估机构有帮助，占到总体受访机构人员的 29.17%，有 32 人认为产权评估机构没有帮助。在基准价格通知文件中指出，价格确定是依据全县各区域立地条件、耕作制度、物价因素、当地农作物生产成本、经济效益和农村土地承包经营权流转价格上浮10%为贷款基准价格，虽然没有对具体标准进行详细说明，没有引入有效专业评估机构，但对于执行农地抵押业务的机构人员而言，这使得他们在办理农地抵押业务时有了执行标准，略去了土地价值核算的众多麻烦，并且政府划定的价格具有较大公信力，广大农户也都普遍接受（见表5－13）。

表5－13　　农村土地产权抵押配套设施情况

	风险补偿基金			产权抵押交易平台			产权价值评估机构		
	有帮助	一般	没有帮助	有帮助	一般	没有帮助	有帮助	一般	没有帮助
人数（人）	46	36	14	15	42	39	28	36	32
比例（%）	47.92	37.50	14.58	15.63	43.75	40.63	29.17	37.50	33.33

数据来源：根据宁夏平罗农村商业银行工作人员调研数据整理。

（6）农村土地产权抵押业务开展约束因素。

农地抵押业务开展约束因素指标包括农地抵押评估、农地抵押处置风险、农地抵押业务面临市场竞争压力和农地抵押业务地方政策导向四个方面。

由图5－6可知，受访的机构人员中有49人选择地方政策导向，占到受访总人数的51.04%；其次是农地业务竞争压力（22.92%）、抵押处置

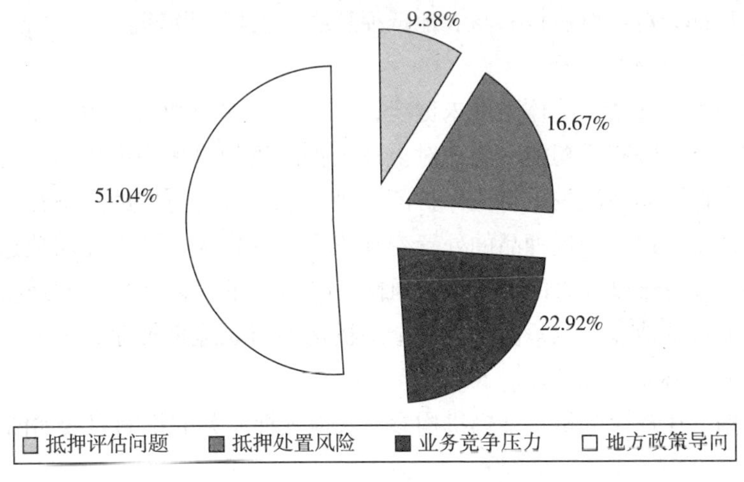

图5－6　农村土地产权抵押制度约束占比情况

风险（16.67%）和抵押评估问题（9.38%），地方政策导向成为农地抵押业务开展中的主要约束因素，这说明金融机构的农村土地产权抵押业务供给上绝大多数取决于地方政策性目标所下达的相关任务量，金融机构本身主动向农户提供农地抵押业务的积极性较低。

5.2.3 金融机构参与农村土地产权抵押业务意愿理论分析

（1）贷款对象特征。

金融机构参与农地抵押业务主要关注的是抵押资金风险问题，在资金风险的权衡上，机构人员首先考察贷款对象的财力基础，相对于普通农户，经营大户以及农村中小企业的财力更加雄厚，另外家庭收入情况也能反映贷款对象的财力基础（兰庆高等，2013），信用记录可以很好地反映出贷款对象的征信情况，当贷款对象的信用记录良好时，金融机构更倾向对这类农户发放贷款。

（2）抵押物特征。

试点地区大部分通过土地相关收益来衡量土地价值，土地收益高，用于抵押的土地价值就越大，金融机构就更加愿意接受其作为抵押品。当每亩土地收益固定时，土地价值的高低主要取决于土地经营面积，面积越大，收益越高，抵押价值也就越大（黄惠春和李静，2013）。另外权属是否清晰是农地用于抵押的前提条件，因此土地规模经营程度、土地价值和土地确权都会对金融机构参与农地抵押意愿产生相应预期。

（3）金融环境特征。

我国农村社会保障体系尚未健全，对于广大农户而言，由于土地具有经济和社会保障双重功能，农户对土地抵押融资的谨慎态度更多的是源自农村社会保障体系缺失下自我保护的一种表现。因为特殊的经济社会保障功能，使得土地作为抵押品的处置变现难度往往较大，那么在农地这一特殊抵押品处置难度较大的情况下，风险补偿制度的完善程度，农地抵押业务本身面对其他业务竞争同样会对金融机构参与农地抵押业务意愿产生较大的影响（林乐芬和王军，2011）。

根据上述理论分析，金融机构参与农地抵押业务的影响因素如图 5－7所示。

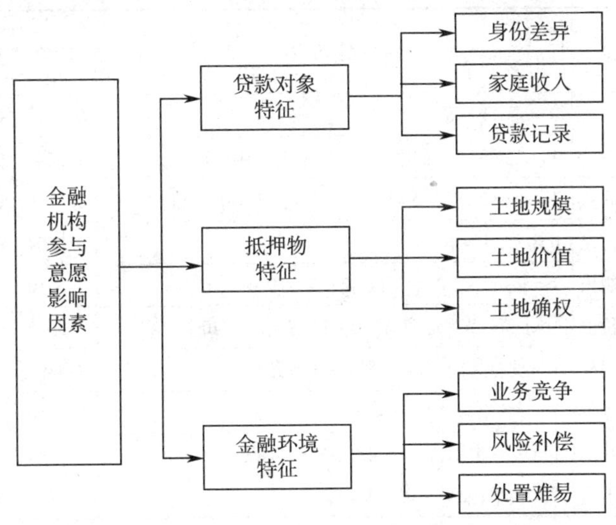

图 5－7　金融机构参与意愿影响因素分析框架

5.2.4　金融机构参与农村土地产权抵押业务意愿模型构建

金融机构对贷款对象的选择表现为其在信用评级时对贷款对象和抵押物品两类因素的考察程度，由于农地抵押属于农村金融创新产品，业务顺利的开展与当地所处的金融环境和相应配套措施也有直接的关系。本章借鉴惠献波（2014）思想，金融机构对农地抵押融资模式参与意愿有“愿意”与“不愿意”两种，其属于二元选择问题，为了探究哪些因素会影响金融机构的参与意愿，采用二元 Logit 模型进行分析。将金融机构“愿意”赋值为 1，“不愿意”赋值为 0；以 P 表示金融机构参与意愿的概率，其取值在 0—1。构建 Logit 模型如下：

$$\mathrm{Ln}\left(\frac{P_i}{1-p_i}\right)=\beta_0+\sum\beta_j x_{ij}+\varepsilon \qquad (5-3)$$

式中：P_i 表示第 i 个金融机构农地抵押融资意愿的概率，$1-P_i$ 表示第 i 个金融机构不愿意农地抵押融资的概率，x_{ij} 表示影响第 i 个金融机构意愿相关因素变量，β_j 表示影响因素所对应的参数估计值（见表 5－14）。

表 5－14　金融机构参与意愿影响因素变量定义及描述性统计

	变量	定义	均值	标准差	预期方向
主体	供给意愿	0＝否；1＝是	0. 5416	0. 5008	
贷款对象特征	身份差异	1＝农户；2＝农业经营大户；3＝中小企业	1. 3541	0. 5800	+
	家庭收入	1＝小于5万元；2＝5万～10万元；3＝10万元以上	2. 1979	0. 8286	+
	贷款记录	0＝无；1＝有	0. 7604	0. 4290	+
抵押物特征	土地规模	1＝1～5亩；2＝5～10亩；3＝10亩以上	2. 5416	0. 6475	+
	土地价值	1＝1万～5万元；2＝5万～10万元；3＝10万元以上	2. 3645	0. 7125	+
	土地确权	1＝没有帮助；2＝一般；3＝有帮助	2. 4895	0. 6648	+
金融环境特征	业务竞争	1＝大；2＝一般；3＝小	1. 7500	0. 6324	+
	风险补偿	1＝没有帮助；2＝一般；3＝有帮助	2. 3333	0. 7206	+
	处置难易	1＝困难；2＝一般；3＝容易	1. 6770	0. 6726	+

数据来源：根据宁夏平罗农村商业银行工作人员调研数据整理。

5. 2. 5　金融机构参与农村土地产权抵押业务意愿实证分析

运用二元 Logit 模型对金融机构农地抵押参与意愿影响因素进行检验，模型结果见表 5－15。

表 5－15　金融机构农村土地产权抵押业务参与意愿估计结果

		Coef.	Z
	常数	－18. 9011	－4. 05
贷款对象特征	身份差异	0. 2628	0. 35
	家庭收入	0. 8775 **	1. 98
	贷款记录	3. 4215 ***	3. 38
抵押物特征	土地规模	1. 5982 **	2. 27
	土地价值	0. 4235	0. 78
	土地确权	1. 6806 **	2. 26
金融环境特征	业务竞争	－0. 1028	－0. 16
	风险补偿	0. 9984 **	1. 97
	处置难易	1. 6876 **	2. 01
		Loglikelihood	－28. 6305
		Pseudo R2	0. 5676
		Prob ＞ chi2	0. 0000

注：＊＊＊、＊＊、＊分别表示1％、5％和10％的显著水平。

1. 贷款对象特征中，家庭收入在5%的水平下正向影响着金融机构的参与意愿，数据显示45.83%的机构人员选择向收入10万元以上家庭发放贷款，虽然农地抵押业务以农地作为抵押对象，但其归根结底仍然是一种信贷产品，并且现行法律的相关限制，当用土地抵押贷款的农户不能按时偿还贷款时，农户也只是丧失一定期限内的土地承包经营权，金融机构更不可能从农户手中取得土地权利，即“不归还贷款，就收回并处置土地”的处置方式对农户来说并没有太大的压力与威胁，相反农户还可能采用策略性行为故意不归还贷款，从而发生道德风险，因此机构人员在参与农地抵押贷款方面，他们比较看重的是农户的家庭经济情况，从而能够确定在农户不能归还农地抵押贷款的潜在还款能力，家庭收入能够反映贷款对象的经济实力，经济实力越好的贷款个体，其贷款违约的风险越弱；贷款记录在1%的水平下正向影响着金融机构的参与意愿，76.04%的金融机构人员表示愿意向有贷款经历的农户办理农地抵押业务，由于农地抵押业务的特殊性，若农户发生违约，用于抵押土地变现困难且成本较高，通过追溯农户的贷款记录可以获知其还款能力从而有效降低道德风险的发生。另外贷款记录还能够准确反映农户相关贷款行为，良好的信用记录能够降低机构信贷人员进行资格审查的成本，同时也在一定程度上增加机构人员对其发放贷款的可能性；身份差异没有产生显著性影响，69.79%机构人员愿意向普通农户提供农地抵押业务，这与前面的假设不相符合，对于一般农户而言，农业经营大户、农村中小企业的生产性资金需求量较大，贷款需求更加强烈，资金使用期限也较长，比较符合金融机构参与抵押贷款的初衷。同时农业经营大户和农村中小企业具有一定的财力基础，若由于经营失败而不能按期偿还贷款时，金融机构也可以不通过对用于抵押的农地进行执行，而用其他财产进行偿还，从而有效降低还款风险概率。在此选择农户较多的主要原因与机构选择对象有直接关系，从前面金融机构发放农地抵押贷款可以看出，农村商业银行的受众群体为普通农户，受到办理业务惯性影响，农村商业银行的机构人员更多地愿意选择农户作为贷款对象，并且对于经营大户在办理该业务时，因只持有流转经营权证，必须经过一手产权证明人同意才能办理类似业务，办理流程上较普通农户更加烦琐。

2. 抵押物特征中，土地规模在5%的水平下正向影响着金融机构的参与意愿，62.50%的信贷员愿意向10亩以上的农地面积提供农地抵押贷款，金融机构从开始办理农地抵押业务到最终收回贷款的整个过程都需要付出相应成本，接受10个1亩土地抵押的交易成本明显大于接受1个10亩土地抵押的交易成本，然而金融机构的收益却并没有因为分散给10个贷款者的交易成本增加而得到相应提高。由于小块土地抵押的高交易成本，金融机构排斥小规模经营农户具有经济上的必然性，这种排斥性既可能产生于农户的自我排斥，更大可能产生于金融机构的营销排斥即金融机构的目标营销策略中将小规模经营户予以排除。因此金融机构不愿意向土地规模小的农户提供贷款，同时加上农业生产的效率低下与风险性并存，会加大金融机构的信贷风险，小规模土地由于地块零碎，农户无法通过生产产生规模效益，因此当该类农户不能偿还贷款时，金融机构很难将用于抵押的小规模土地在产权流转市场上进行处理变现，这使得金融机构接受小规模土地作为贷款抵押物的意愿不高；土地价值没有产生显著性影响，这与初始假设不相符合，可能的解释是按照平罗当地测算原则“农地评估价值=每亩土地参考价值×土地亩数×剩余年限”计算农地抵押价值。例如用于农地抵押的土地每亩参考价值为550元，若农户用于抵押的土地为10亩，承包剩余年限为10年，农地抵押评估价值为55 000元，但是不同区域的农地由于受自然禀赋差异、农户经营期限和项目等因素的影响，用于评估的农村土地价值有很大的差异性。前面介绍中也可以看出当地的农地基准价格是通过行政命令颁布的，具有政府主导色彩，虽然能够给金融机构办理农地抵押业务时提供参考价格，但是其基准价格的科学性和合理性仍然值得商榷，由于土地不能根据当地市场价格进行核算，土地价值本身的高低并不能给金融机构参与意愿提供重要的参考价值，因此作用不显著；土地确权在5%的水平下正向影响着金融机构的参与意愿，58.33%的机构人员认为农地确权有很大帮助，权属不明晰的土地容易引起不必要的社会纠纷，金融机构真正处理违约农地时缺乏有效的执行根据，同时土地还承担着农户的社会经济双重保障功能，农户若因农地被处置而失去正常的保障功能同样会引发不稳定的社会因素。

3. 金融环境特征中，风险补偿在5%的水平下正向影响着金融机构的参与意愿，农地抵押作为当地创新的新型农村融资产品，它在很大程度上由地方政策主导。受地方行政主导的影响，金融机构通常会被下达发放农地抵押业务发放量标准，为了完成任务量，机构人员有时是属于“被迫”发放农地抵押贷款。因此当某些贷款农户不能偿还贷款时，农地处置的难度和相关法律约束造成坏账死账的可能性会大大增加，风险补偿基金的设立能够对农地抵押业务坏账死账进行某种程度上的弥补，在受访的工作人员中，只有14.58%的人认为风险补偿基金没有帮助。正是由于风险补偿基金的存在才降低机构人员在参与农地抵押业务时的相关顾虑；土地处置难易程度在5%的水平下正向影响着金融机构的参与意愿，农地抵押业务与一般的信贷产品不同，当其处置违约农地时，金融机构需要通过当地的农村产权交易中心对其农地进行流转补偿，因此相较于其他贷款业务，金融机构不能独自处理违约产品，这就需要对农地抵押业务配套措施有更高要求，64.58%的机构人员认为农地处置很难，相关调查发现农地抵押业务的期限通常为一年，属于小额贷款业务，但农地抵押又不同于常规的小额信贷业务，违约发生后进行相关处置会遇到农地能否处置、如何处置、处置后农户社会生活保障等一系列后续问题，因此农地处置越难，机构人员越不愿意参与农地抵押业务；业务竞争是指农地抵押业务所面临的其他贷款业务竞争压力，虽然金融机构作为营利性行业，资本逐利和风险规避是它们的首要目标，但是由于农地抵押业务属于政府行政主导，通过前面金融机构经营效率发现虽然其效率值呈现降低趋势，但是业务的规模和笔数仍然保持增加趋势，这表明政府行政主导对其业务的开展具有很大影响，因此业务竞争并不会显著影响机构人员的参与意愿。

5.3　本章小结

本章从供给主体金融机构的角度分析农村土地产权抵押融资业务开展情况，首先运用DEA模型测算金融机构开展农地抵押业务效率，再运用Logit模型测算金融机构工作人员的参与意愿，得出结论如下：

第一，当地自2013年以来总共有7家金融机构开办农地产权抵押融资业务，截至2015年（第一季度），已累计发放农地抵押贷款10 902笔，贷款金额51 667万元，涉及农地面积213 054亩，无论是贷款笔数还是贷款规模，近三年来都呈现出较大幅度增长，表明农地抵押业务在当地开展情况良好。从7家金融机构各自开展农地抵押业务数据统计发现，市场份额方面，农村商业银行占据当地90%以上的业务量，其次是中国农业银行，其他5家金融机构只是较为零散开展；贷款对象方面，农村商业银行和中国农业银行的单笔贷款规模较小，分别为4.69万元和3.52万元，对象主要是普通农户，而其他金融机构单笔贷款规模较大，主要针对经营大户。

第二，农地抵押业务利率只能根据中国人民银行基准利率上浮50%，贷款利率偏低造成农地抵押业务收入占机构本身业务收入比例偏低。农村商业银行的农地抵押业务收入占比基本维持在4%左右，其辖区内20个营业网点的经营数据表明农地抵押业务收入占比最高为14.40%，最低仅为0.035%。农地抵押业务收入占比偏低导致大部分营业网点的业务经营效率不高。

第三，金融机构人员调查方面，由于国家政策的大力扶持，71.43%的受访对象对农地抵押业务前景表示看好，但是受制于该业务执行过程中诸多问题，仅有54.17%的受访对象愿意参与农地抵押业务。农地作为抵押物重要因素排序依次为农地处置成本（29.0）、贷款追回难度（25.6）、农地评估价值（22.5）和产权稳定性（18.9），56.25%的机构人员拒绝办理该业务的主要原因是农地抵押物变现难，41.66%的机构人员认为农地价值低难以满足金融机构抵押需求，超过一半的人认为地方政策导向将会制约农地抵押顺利开展，这表明金融机构的农地抵押业务在很大程度上取决于地方政策性目标，机构本身积极性较低。

第四，金融机构参与意愿影响因素分为贷款对象特征、抵押物特征和金融环境特征3类共9项指标，通过二元Logit法分析发现家庭收入、贷款记录、土地规模、土地确权和风险补偿帮助程度以及农地处置难易程度具有显著影响，由于当地的农地抵押属于政府主导模式，农地价值和业务竞争影响不显著。

第六章　宁夏平罗农村土地产权抵押融资模式运行效果评价

前几章分别从融资市场需求主体农户和供给主体金融机构角度进行了实证分析，当地农村土地产权抵押融资模式本身能够影响市场参与主体相关行为，同时市场参与主体通过融资业务的参与会对该模式进行相应反馈，这些反馈信息能够反映出当前模式运行过程中所存在的问题，由于农村土地产权抵押是为了缓解广大农村地区抵押难、融资难和担保难而开办的新型农村金融业务，它的最终目的是为农户增加融资的可获得性，因此本章从市场需求主体和供给主体联立角度进行分析，通过农户融资需求的满足程度即约束缓解程度的测算来对农村土地产权抵押融资模式运行效果进行具体量化评价。

6.1　农村土地产权抵押融资模式运行效果理论分析

研究表明金融的发展是经济发展的动力和手段，相较于城市金融发展，农村金融受到金融抑制现象更为严重，广大学者通过研究普遍认识到制约农村经济发展的主要障碍是农村要素市场的分割和农村金融市场的抑制。乔海曙（2001）认为我国经济存在着较为严重的二元结构差异，这种差异往往造成社会经济资源的配置不均，这必须通过发展农村中小合作金融组织来维持农村金融市场成长的内生作用。何广文（1999）通过对浙江等六省 21 县调查发现我国农村金融市场存在金融机构少、市场开发深度有限等问题，信贷管制解除并没有给农村金融机构的信贷规模带来明显的扩张效应，农村金融机构会因为资产质量低下而产生惜贷现象。朱守银等（2003）认为农村信用社作为农村金融市场中重要融资渠道，会对农户的借贷渠道和行为带来很大的影响，同时该金融机构网点布局根本无法满足大规模、分散的农户需求，难以承担全部农户的贷款供给任务。胡士华等（2006）和曾庆芬（2011）认为我国农村金融市场产业弱质、财产分布、产权交易市场不健全以及担保手续法律缺陷造成了金融机构融资供给约束问题，目前农村金融市场上所存在的贷款担保模式由于法律效力、保障功能替代品缺失和抵押价值区域不均衡等原因并不能有效解决农村贷款资金约束问题。黎毅等（2014）通过对陕西渭南数据调查研究发现，农户资产的高低与贷款获得呈正向关系，但与信贷约束却不呈明显负向关系，由于信贷不对称等原因，中高资产农户较中低资产农户面临更严重的供给信贷约束。

韩俊等（2009）认为信贷需求约束是由金融机构长期信贷制度性配给的供给约束所引发的，通过实证分析认为农户的收入、年龄和身份以及与金融机构的关系等对资金需求约束会产生显著影响。刘西川等（2009）通过实地调查发现总体农户样本中约有 17.3% 的农户有着潜在需求，但他们并没有申请贷款，主要原因来自利息以外的交易费用（包括抵押、服务等方面），说明贫困地区农户的融资约束不仅与正规金融机构的供给约束有很大关系，也同样来自农户本身的需求约束。黄祖辉（2010）认为金融机构供给约束和需求约束共同造成了农户正规信贷市场参与程度低，这些约束显著地促进农户选择非正规金融。

从农村金融市场融资约束研究的文献梳理中发现，农村正规金融机构由于缺乏对申请贷款者的了解，交易主体间需要较高的信息传递成本。他们通常需要借助抵押物品来解决融资交易中的道德风险和逆向选择问题，这样会使得部分融资者被排除在正规金融市场之外，或是在对农户信用状况、资产状况、还款能力以及抵押物变现价值进行全面评级的基础上，采取部分满足或者拒绝向农户放贷的决定，农户会受到金融机构的供给约束；另外农户在对金融机构所开展的相关业务综合比较上，根据其各自的利率、手续以及担保方面对比判断是否需要申请融资或者是由于本身害怕风险、对投资机会的认知程度以及对正规金融机构决策的判断等因素而主动放弃向金融机构申请融资，农户会受到自身的需求约束。通常将两方面联立起来进行研究却较少，鉴于此，本章选取有参与意愿的农户调查数据，将有参与意愿农户分为是否申请贷款和是否获得金融机构贷款两大类型，从供给约束和需求约束两个角度出发，对农地产权抵押融资缓解农户融资约束程度进行量化分析，从而对农村土地产权抵押融资模式运行效果进行客观评价。

在有意愿的农户中，当有农村土地产权抵押融资经历时，表示其申请农地抵押业务，根据其申请贷款额和获批贷款额的差值可以判断出其是否受到金融机构供给约束[①]：当农户的申请贷款额小于最终获批贷款额时，表示农户受到供给约束，而当农户的申请贷款额等于最终获批贷款额时，表示农户没有受到供给约束；当没有农村土地抵押融资经历时，表示其没有申请农地抵押，没有申请贷款的原因若是因为“自有资金足够”、“从其他途径获得足额资金”、“不需要、以往贷款还没用完”原因则认为该农户没有受到信贷约束，根据何明生等（2008）的观点，受到融资约束是一个动态过程，以前贷款未用完并不意味着现在就不受融资约束，但此处是考虑到具体的农村土地产权抵押融资业务，贷款未用完表示农户现有的自有资金是足够的，因此笔者暂且认为该类农户未受到需求约束，选择其他之外的原因则认为受到需求约束（见图6－1）。

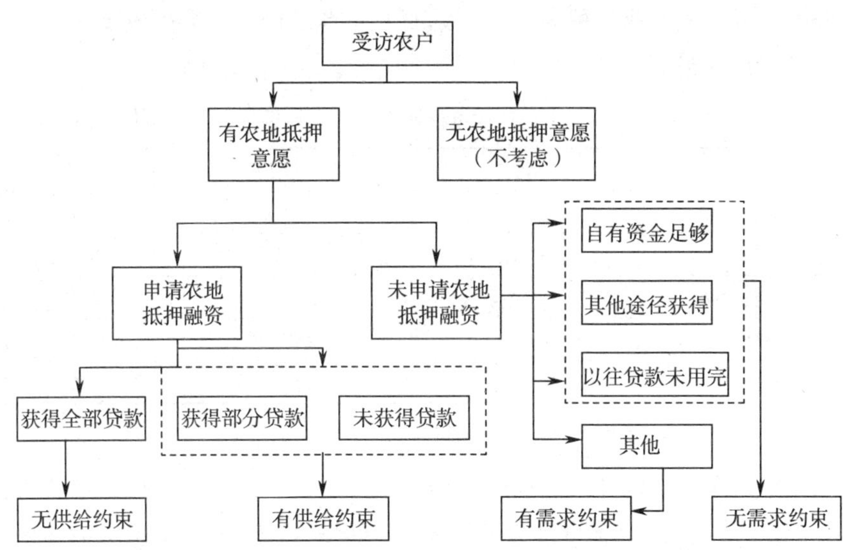

图6－1　宁夏平罗农村土地产权抵押融资模式运行效果逻辑分析框架

① 问卷中针对农户农地抵押融资设计了需要贷款额、申请贷款额和最终获批贷款额三项，笔者最终选取农户的申请贷款额作为衡量指标是考虑到当农户在向金融机构申请的过程中，为了最大可能地获得贷款，他们会根据自身的真实情况申请贷款，这样能够更加客观地反映自己的资金需求。

6.2 农村土地产权抵押融资模式运行效果数据分析

6.2.1 整体农户农村土地产权抵押融资需求满足情况

从前面调研的农户数据统计得出当地有386户农户明确表示有农村土地产权抵押融资需求意愿。在这些有需求意愿的农户中，218户农户申请了农地抵押贷款融资，占到有需求意愿农户的56.47%，申请农户比例偏低的可能原因是当地从2013年初才开始办理农地抵押业务，很多农户虽然听说过此类贷款业务，但对于其具体的流程还不熟悉，因此大多数都处于观望之中；另外当地经济情况发展较好，融资的来源途径更广，获得贷款机会也更大，虽然农户表示有农地抵押融资需求意愿，在有同类更好的融资途径时他们会优先选择更好的贷款方式。对于有融资需求的农户，他们一般不会考虑融资业务种类，而是更加关注自己符不符合融资要求，能不能获得贷款（见表6－1）。

表6－1　　农村土地产权抵押融资需求满足情况　　单位：户，%

	申请贷款	未申请贷款	合计
无信贷约束	124	133	257
比例	32.12	34.45	66.57
有信贷约束	94	35	129
比例	24.35	9.07	33.42
合计	218	168	386

数据来源：根据参与意愿农户数据整理所得。

在申请农村土地产权抵押融资的218户农户中，有124户农户获得了全额贷款，94户农户获得部分或者未获得贷款。从94户受到供给约束的原因分析来看，因为经营项目风险太大的有45户农户，占到供给约束的47.87%，接近受到供给约束农户的50%；其次是由于之前有过延迟还款经历的32户农户，占供给约束的34.04%。银行对申请农户不信任的有21户，缺少抵押品的有18户，其他原因有42户。从受到约束的原因来看，金融机构最主要的还是看重资金的安全性，如图6－2所示。

事实上农户在申请融资时，他们在自我认知水平上判定该项投入预期收益是高于成本的，但由于目前的资金投入能力无法由农户个人独立完

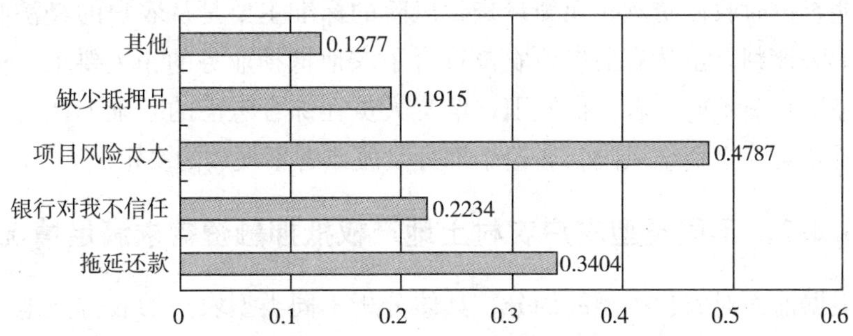

注：问卷设计中未获得足额农地抵押融资的原因选项为多项选择，因此总数统计会大于实际。

图6－2　未获得足额农村土地产权抵押融资的原因分布情况

成。从金融机构的角度认为他们不可能获得与农业信贷相关的充分信息，农户由于受到自身教育水平、再学习等能力限制，对农地资金用于相关农业投入生产的信息是无法确定的。同时金融机构信贷人员在实际调查过程中不可能对农户贷款投资项目的经营和市场行情完全了解，因为对于信贷人员的首要目标是确保资金的安全。因此农户受到金融机构的供给约束还是因为农户的融资需求和金融机构的风险规避的冲突，这是当前以家庭承包为基础的双层经营体制下农村信贷市场合约中存在较为严重的不可缔结现象导致的。

在有融资意愿的农户中，当地总共有129户农户受到融资约束，占到融资意愿农户的33.42%。其中：受到信贷约束的农户中，有94户申请了农村土地产权抵押融资业务，他们当中获得部分贷款或者是没有获得贷款；35户没有申请农村土地产权抵押融资。这表明农户的融资约束主要来自金融机构的供给约束，占融资意愿农户的24.35%。融资约束程度的大小可以直接反映出金融机构对需求农户的贷款态度，作为农地改革试验区，平罗政府逐渐加大力度进行相关配套改革，并为其提供了一系列的优惠条件。作为农地抵押业务的另一个参与主体金融机构，首先是以盈利为目的，虽然为了响应国家相关政策会发放农地抵押贷款，但在对待农地抵押这项业务的目的上与政府初衷是不同的，同时金融机构采取的是当事人问责制度，谁负责发放此笔贷款，谁就需要对贷款从最初的发放到最终的收回负全权责任，并且资金回收质量高低与发放贷款的信贷人员工资绩效直接挂钩。因此金融机构信贷人员在给农户办理农地抵押贷款时更加关注的是能否按时收回贷款，而衡量贷款风险的标准主要是从农户的经济收入状况上去评判。虽然有的申请农户符合了农地抵押业务的相关要求，但由于其经济状况不好或者其他原因，信贷人员在综合考虑的基础上认为为其发放贷款会存在资金风险，会给予部分发放或者不发放的决定。

6.2.2 不同类型农户农村土地产权抵押融资需求满足情况

根据前面对农户类型的划分，具体分析不同类型农户的农村土地产权抵押融资约束问题，参照何明生等（2008）的计算方法，具体情况如表6－2所示。

表6－2　不同类型农户农村土地产权抵押融资满足情况　单位：%

	纯农户	一兼农户	二兼农户
申请贷款农户（1）	65.63	46.51	59.01
获得贷款农户（2）	55.56	70.00	95.79
获得足额贷款农户（3）	94.29	85.71	67.90
申请获得足额贷款农户（4）	34.38	27.91	34.16
未申请农户（5）	34.37	53.49	40.99
不需要，自己有钱（6）	8.33	16.28	10.56
不需要，以往贷款未用完（7）	10.42	3.88	8.07
从其他途径获得了资金（8）	15.62	9.30	3.11
其他（9）	20.83	29.46	24.84
不受农地抵押约束农户（10）	46.19	43.66	43.07
受农地抵押约束农户（11）	53.81	56.34	56.93

数据来源：根据参与意愿农户数据整理所得，其中申请贷款农户（1）比例＝申请贷款农户/需求农户；获得贷款农户（2）比例＝获得贷款农户/申请贷款农户；获得足额贷款农户（3）比例＝获得足额贷款农户/获得贷款农户；申请获得足额贷款农户（4）比例＝（1）×（2）×（3）；其他选项则是（6）～（8）选项以外的选项，在统计中只要该农户选择了此项都被计算在内；不受信贷约束农户（10）＝（4）＋（5）×［（6）＋（7）＋（8）］。

由表6－2统计结果可以看出，在有农村土地产权抵押融资需求意愿的农户中，申请贷款农户比例分别是65.63%、46.51%和59.01%，其中获得贷款农户的比例分别是55.56%、70.00%和95.79%，获得贷款农户的比例呈现出由纯农户到兼业农户递增的趋势，表明兼业农户参与农地抵押获得贷款的概率要高于纯农户，主要原因是兼业农户的收入情况普遍好于纯农户，信贷人员在贷款发放上也更加愿意向兼业农户倾斜。

前面分析中表示没有申请贷款的农户中并不代表其就没有受到农地抵押融资约束，当未申请的农户中是因为“自有资金足够”、“不需要，以往贷款未用完”和“从其他途径获得足额资金”原因而没选择农地抵押业务时，笔者认为该农户没有受到融资约束，通过数据统计发现当地不同类型农户中未受到农地抵押约束的农户占比分别是 46.19%、43.66% 和 43.07%，从未受到农地抵押约束分布情况来看，并没有如我们所预期设想的随着农户兼业程度增加而表现出增加的趋势，相反纯农户（46.19%）明显高于一兼农户（43.66%）和二兼农户（43.07%）。合理的解释是当地农地抵押业务是完全根据农户用于抵押的土地面积来进行测算的，也就是说农户愿意用多少经营面积进行抵押都可以，从农户本身角度来讲当然是越多越好，因此当地农户通常都会将其所有经营面积全部用于抵押，得到的贷款额度会更大一些。对于金融机构而言，农户所用于抵押的土地面积往往有限，同时农地抵押业务才开始试点运行，为了有效规避风险，发放的贷款额度也不会太高。纯农户未受到融资约束比例高是因为一般情况下兼业农户的家庭收入情况会更好，他们用于生产经营所需的资金规模也较大，因此当需要贷款资金时，兼业类型农户所需要的贷款额度就会更大一些，由于农户本身经营土地面积有限，相较之下，这类农户的未满足程度就被增加，而纯农户本身的资金需求较小，因此农地抵押能够较大程度满足纯农户融资需求，自然纯农户相较于兼业农户融资约束程度会更低，从统计数据也能发现在获得贷款的农户中，纯农户有 94.29% 获得了足额贷款，明显高于一兼农户的 85.71% 和二兼农户的 67.90%，正是由于纯农户获得足额贷款较多，因此纯农户较兼业类型更愿意申请农地抵押，这与李韬和罗剑朝（2015）运用 Poisson Hurdle 模型得出的结论相似。

6.3 农村土地产权抵押融资模式运行效果模型构建

通过 Heckman 三阶段广义改进回归模型估计农村土地产权抵押融资对农户融资约束的缓解程度，模型如式（6－1）所示：

$$Y_i^* = \beta_{1i} X_{1i} + \varepsilon_{1i} \tag{6-1}$$

Y_i^* 由申请农村土地产权抵押融资且不受融资约束的农户贷款额度表示，不受融资约束是指农户申请贷款额度与获得贷款额度相等，由调研农户数据统计获得；X_{1i} 表示影响农户获得贷款额度大小的相关影响因素，β_{1i} 表示相关因素影响系数，借鉴何明生等（2008）、王定祥（2011）、黎毅等（2014）已有研究，并结合问卷设计相关指标，主要包括农户特征（包括户主、年龄和文化程度）、家庭特征（包括供养率、离农率和土地面积）和资产状况（包括家庭收入、固定资产和房屋资产）三大类变量组成。其中固定资产是除了房屋之外的林木、牲畜、农业设施等资产，家庭收入是受访农户的年均收入，农户获得贷款额度、土地面积、家庭收入、固定资产和房屋资产均以对数的形式表示。

将有参与意愿的农户具体分为是否申请融资和是否受到融资约束两大类，模型分别如式（6－2）和式（6－3）如示：

$$\chi_i = \beta_{2i}X_{2i} + \varepsilon_{2i}$$
$$\eta_i = \begin{cases} 1 & if\chi_i > 0 \\ 0 & if\chi_i \leqslant 0 \end{cases} \tag{6-2}$$

$$\theta_i = \beta_{3i}X_{3i} + \varepsilon_{3i}$$
$$\mu_i = \begin{cases} 1 & if\theta_i > 0 \\ 0 & if\theta_i \leqslant 0 \end{cases} \tag{6-3}$$

其中 X_{2i} 和 X_{3i} 分别是影响农户申请融资和融资约束的相关影响因素，β_{2i} 和 β_{3i} 为相关因素影响系数，χ_i 和 θ_i 则表示与 X_{2i} 和 X_{3i} 相关但不可观测的潜在变量，η_i 和 μ_i 表示 χ_i 和 θ_i 潜在变量的虚拟变量。

针对相关定义可将有融资意愿农户样本分为以下四类（见表6－3）。

表6－3　　农村土地产权抵押融资意愿农户分类标准

	$\eta_i = 1$	$\eta_i = 0$
$\mu_i = 1$	A类农户	C类农户
$\mu_i = 0$	B类农户	D类农户

注：A类农户是指申请农村土地产权抵押融资且不受金融机构供给约束；
B类农户是指申请农村土地产权抵押融资且受到金融机构供给约束；
C类农户是指未申请农村土地产权抵押融资且不受需求约束；
D类农户是指未申请农村土地产权抵押融资且受需求约束。

按照何明生等（2008）的观点，应将A类农户和C类农户所代表不受融资约束的农户作为经验分析的参照系，在其基础上估计B类和D类受到融资约束的农户的潜在需求，但由于C类农户没有申请农村土地产权抵押融资，笔者并不能获得其农户意愿贷款的微观数据，因此文章以A类不受融资约束的农户为基础估计总体受到融资约束农户的潜在融资需求。

式（6-1）可以进一步演变为式（6-4），即A类农户可表示为

$$E(Y_i^*/\eta_i = 1, \mu_i = 1) = \beta_{1i}X_{1i} + E(\varepsilon_{1i}/\eta_i = 1, \mu_i = 1) \quad (6-4)$$

运用Probit模型对式（6-2）农户是否申请融资和式（6-3）农户是否受到融资约束进行估计，分别得出各自概率模型的逆Mills比率序列，筛选出申请农村土地产权抵押融资且不受融资约束A类农户的逆Mills比率序列，将其作为修正样本选择误差项加入到式（6-5）的OLS模型估计中，就能获得A类农户的潜在融资需求，具体可表示为

$$Y_i^* = \beta_{1i}X_{1i} + \sigma_1\lambda_{\varepsilon_{1i}\ \varepsilon_{2i}} + \sigma_2\lambda_{\varepsilon_{1i}\ \varepsilon_{3i}} + \varepsilon_{4i} \quad (6-5)$$

其中式（6-5）中 $\lambda_{\varepsilon_{1i}\varepsilon_{2i}} = \varphi(\chi_i)/\Phi(\chi_i)$，$\lambda_{\varepsilon_{1i}\varepsilon_{3i}} = \varphi(\theta_i)/\Phi(\theta_i)$，分别表示式（6-2）和式（6-3）中申请农村土地产权抵押融资且没有受到融资约束A类农户的逆Mills比率序列，$\varphi(.)$ 与 $\Phi(.)$ 分别表示标准正态概率密度函数和累计分布函数。根据模型推算出A类农户的潜在融资需求额度，再与样本的实际融资额度进行对比，通过其对比差值就能够定量分析出农村土地产权抵押融资对农户融资约束的缓解程度，如式（6-6）所示：

$$Gap = D_{潜在} - D_{实际} = \overline{Y_i^*} - Y_i^* \quad (6-6)$$

当融资约束缺口为正值时，表示农村土地产权抵押融资没有有效满足农户融资需求；当融资约束缺口为零或负值时，则表示农村土地产权抵押融资资金能够有效满足农户融资需求。

6.4　农村土地产权抵押融资模式运行效果实证分析

运用Heckman三阶段模型分别对有参与意愿农户中是否申请贷款和是否融资约束的两组农户进行相关影响因素分析，并测算出具体影响程度，具体结果如表6-4所示。

表6-4　农户农村土地产权抵押申请和融资约束的Probit估计

	解释变量	是否申请融资		是否受融资约束	
		系数	边际效应	系数	边际效应
农户特征	户主	-0.0800	-0.0316	-0.0199	-0.0072
	年龄	0.2194**	0.0863	0.1310	0.0472
	文化程度	0.2538**	0.0998	0.2291**	0.0826

续表

解释变量		是否申请融资		是否受融资约束	
		系数	边际效应	系数	边际效应
家庭特征	供养率	0.1754	0.0690	-0.0984	-0.0355
	离农率	-0.1225*	-0.0482	-0.9851***	-0.3552
	土地面积（对数）	0.1508**	0.0593	-0.0534	-0.0192
资产状况	家庭收入（对数）	-0.0532	-0.0209	0.1192*	0.0429
	固定资产（对数）	0.0612**	0.0240	0.0501**	0.0180
	房屋资产（对数）	-0.0034	-0.0013	-0.0211	-0.0076
Loglikelihood		-251.7318		-231.9117	
Pseudo R2		0.0476		0.0570	
Prob > chi2		0.0028		0.0009	

注：***、**和*分别表示在1%、5%和10%的水平下通过显著性检验。

1. 申请农地融资方面。

（1）农户特征：年龄在5%的水平下正向影响着农户申请贷款，一般年龄越大的农户越习惯于当前的生活状态，而不会再将较大的资金投入生产，在这里可能解释是年龄越大对事情考虑得越周全，他们在进行事情决断之前必然经过深思熟虑，对资金投入行为和后面的风险防范都有着预期准备，因此会申请贷款；文化程度在5%的水平下正向影响着农户申请贷款，在新的农业生产技术驱动下，文化程度高的农户易于掌握，抗风险和农业生产能力方面有着很强的保障，不用担心还款压力，因此更倾向于申请贷款；另外是否户主并没有对农地申请贷款这一行为产生显著影响，农地抵押对于广大农户家庭而言，这只是众多贷款业务中的某一类，并不是什么重大决策行为，因此在是否为户主方面并不影响。

（2）家庭特征：土地面积在5%的水平下产生显著正向影响，土地作为农业的原始生产要素，农业收入是农户的主要收入来源，面积越大的农户可以依靠规模化经营抵消由农产品价格波动、农业收益偏低等给农户所带来的部分不良影响，而土地面积越大的农户也需要更多的资金用于土地经营才能获得收入，当自有资金无法满足融资需求时，他们更愿意申请农地抵押贷款。离农率在10%的水平下产生显著负向影响，离农率越高的家庭表示其家庭成员大部分都在从事非农行业，家庭的主要收入也来自非农收入，因此这类家庭经营土地更多的是为了保证其获得基本生活保障，并没有打算通过土地经营而使家庭产生额外收入，他们也很少会将用于基本生活保障的土地来进行抵押融资，因此较少申请贷款，前面数据分析得出在申请农地抵押的不同类型农户中，纯农户（65.63%）明显高于一兼农户（46.51%）和二兼农户（59.01%）。

（3）资产状况：固定资产在5%的水平下产生显著正向影响，作为衡量农户家庭主要的财富标准，较为富裕的农户家庭面临资金困难时，绝大部分都会先通过亲戚朋友熟人之类进行“内部融资”，当资金需求较大无法通过“内部融资”满足时便会申请贷款，并且财富状况越好的家庭在申请贷款过程中获得资金的可能性更大。

2. 农地抵押信贷约束方面。

（1）农户特征：文化程度在5%的水平下对农户产生了显著正向影响，边际效用达到0.0826，表明农户文化程度分别提升一个单位，农户不受信贷约束的程度就会增加0.0826个单位。相比较于农户特征的户主和年龄两个方面，金融机构更加看重的是农户的文化程度，文化程度能够反映农户个人能力，文化程度越高的农户，不仅更容易了解与掌握农地抵押融资相关政策信息，还可以通过自己所掌握的技能获取更高收入，能够降低不良贷款率的发生，因此受到信贷约束降低。

（2）家庭特征：离农率在1%的水平下对农户产生了显著负向影响，边际效用达到-0.3552，表明离农率提升一个单位，农户受到信贷约束的程度会增加0.3552，边际效用影响较大，离农率高的家庭从事非农行业的可能性更大，农地抵押业务是政府为了扶持当地“三农”经济发展所开展的，农地抵押贷款资金也规定只能用于农业生产方面，离农率较高的家庭将农地抵押的资金用于非农生产领域，因此为了防止信贷资金生产偏离，金融机构会对离农率较高的家庭减少发放贷款。

（3）资产状况方面：家庭收入和固定资产分别在10%和5%的显著作用下产生正向影响，边际效用分别达到了0.0429和0.0180，房屋资产对农户的信贷约束没有产生显著影响。对于金融机构而言，当它在向农户发放贷款时，首先考虑的是融资风险问题，而最能衡量贷款风险的标准则是融资对象的资产情况，这能很直观地反映出农户家庭偿还贷款的能力。理论上预期家庭收入、固定资产和房屋资产这三项指标都应该能降低农户受信贷约束的程度，而房屋资产对农户都没有产生显著影响的可能原因是，虽然房屋资产的大小也能够体现农户家庭的经济状况，但是在农村地区，农户的房屋由于不像城镇房屋拥有产权证明，因此房屋同农户土地一样，变现难度较大，同时金融机构在处置过程中并不能像其他固定资产那样易于变现，因此在衡量农户偿还贷款能力方面，家庭收入和固定资产比房屋资产更加有说服力。

将以上两组模型估计得出的两组逆 Mills 比率序列值加入申请农地抵押融资且没有受到信贷约束的农户相关变量中，通过 OLS 回归，由此得出的拟合需求意愿贷款与实际所获得的贷款进行比较，最终得出当地农户具体融资约束程度，结果如表 6－5 所示。

表 6－5　　农户获得农村土地产权抵押足额融资的 OLS 估计

		Coef.	T
农户特征	户主	0.0487	0.38
	年龄	0.3657***	6.48
	文化程度	0.4889***	6.82
家庭特征	供养率	－0.2015	－1.01
	离农率	－2.3525***	－6.75
	土地面积（对数）	－0.2356***	－4.49
资产状况	家庭收入（对数）	－0.0362	－0.59
	固定资产（对数）	0.1776***	4.43
	房屋资产（对数）	0.1684***	5.92
逆 Mills 比率	申请贷款 λ_{12}	0.4503	1.58
	约束贷款 λ_{13}	13.6411***	11.70
		R－squared＝0.6236	
		Prob＞F＝0.0000	

注：＊＊＊、＊＊和＊分别表示在 1%、5% 和 10% 的水平下通过显著性检验。

根据表 6－5 中 OLS 模型的回归结果，拟合出当地获得足额农地抵押融资农户需求均值应为 63 172.90 元，实际获得的农地抵押需求均值为 43 064.52元，农地抵押能够满足当地农户 68.17% 的融资需求。前面章节分析中，获得农村土地产权抵押融资的农户有 66.67% 表示对农地抵押业务表示满意，认为其能在很大程度上解决资金困难，但是仍然有 73.21% 的参与农户希望贷款额度达到 5 万元以上，这与拟合出的需求均值 6.31 万元是比较稳合的，获得农村土地产权抵押融资均值为 4.3 万元，这表明当地的农村土地产权抵押融资业务仍然属于小额贷款类型，在贷款额度上还需进一步加大融资力度。

6.5 本章小结

本章从市场需求主体农户和供给主体金融机构联立角度进行分析，具体分为是否申请贷款和是否受到融资约束两种类型，运用 Heckman 三阶段模型测算农户资金约束的缓解程度来对当地农村土地产权抵押融资模式运行效果进行量化分析。得出结论如下：

第一，总体表明有农村土地产权抵押融资意愿的农户中，有 218 户农户申请了农地抵押，占到需求意愿农户的 56. 47%，其中 168 户农户最终获得了融资，124 户农户获得了全额融资。129 户农户受到了融资约束，供给约束占绝大多数，融资约束的主要原因是由于融资需求和风险规避的金融机构之间的冲突所导致的。

第二，不同类型农户在农村土地产权抵押融资需求中，获得贷款农户的比例呈现出从纯农户到兼业农户递增的趋势，获得贷款农户的比例依次为 55. 56%、70. 00% 和 95. 79%，兼业类型农户的经济状况普遍较纯农户好，在还款上更有保障，金融机构在发放贷款时首先关注的是资金风险问题，因此兼业农户获得贷款的比例会更大一些。但是未受到农地抵押融资约束的农户却并没有呈现出随着农户兼业程度增加而表现出增加的趋势，相反纯农户未受贷款约束的比例还要高于兼业类型农户，未受贷款约束农户的比例依次为 46. 19%、43. 66% 和 43. 07%，主要是因为纯农户主要从事农业活动，他们的贷款需求较少，农地抵押融资更容易满足他们的贷款需求，因此所受贷款约束比例较低。

第三，农村土地产权抵押融资模式运行效果表明，农户融资潜在需求均值为 63 172. 9 元，实际获得融资均值是 43 064. 52 元，表明农村土地产权抵押融资能够满足当地农户 68. 17% 的融资需求，作用效果明显。

第七章　宁夏平罗农村土地产权抵押融资模式优化

通过前面对宁夏平罗农村土地产权抵押融资模式的现状介绍，以及相关实证分析的基础上发现当地农地抵押融资模式存在缺乏第三方评估机构、金融机构办理业务成本大、融资额度小、期限短以及农地抵押变现困难等一系列问题。针对以上问题，本章在借鉴已有农地抵押融资的基础上，提出适合当地农村土地产权抵押融资模式优化的具体内容。

7.1　农村土地产权抵押融资模式优化基本原则

随着农村经济的持续发展，农民对资金的需求也不断加强，农村资金的供求失衡问题日益严重。2008 年中国人民银行和银监会联合发布的《关于加快农村金融产品和服务方式创新的意见》中指出“凡不违反现行法律规定、财产权益归属清晰、风险能够有效控制、可用于贷款担保的各类动产和不动产，都可以试点用于贷款担保”。2015 年中央一号文件中更是指出“在推进农村金融体制改革中，要主动适应农村实际、农业特点、农民需求，不断深化农村金融改革创新。综合运用财政税收、货币信贷、金融监管等政策措施，推动金融资源继续向三农倾斜，确保农业信贷总量持续增加、涉农贷款比例不降低”。在确保土地公有制性质不改变、耕地红线不突破、农民利益不受损的前提下，按照中央统一部署，审慎稳妥推进农村土地制度改革，做好承包土地的经营权抵押担保贷款试点工作。鉴于此，宁夏平罗农村土地产权抵押融资模式优化仍然需要坚持以下原则。

7.1.1　坚持农村土地“三权”分离原则

2014 年中央一号文件《关于全面深化农村改革加快推进农业现代化的若干意见》中指出“在落实农村土地集体所有权的基础上稳定农户承包权、放活土地经营权，允许承包土地的经营权向金融机构抵押融资”。这是土地制度改革为集体所有，家庭承包的双层经营以来首次以政府文件的形式提出土地所有权、承包权和经营权“三权”分离的概念，并指出农地产权抵押融资的标的物是指以农户承包土地经营权的相关收益。

制度经济学中指出当生产关系与生产力相适应时，便能促进生产力的发展；当生产关系与生产力不适应时，便会阻碍生产力的发展，这时就会产生制度变迁，因此制度变迁是由生产力与生产关系两种社会基本矛盾共同作用的结果。早期土地所有权归集体、承包经营权归农户的“两权”分离状态，在随后30多年的实践证明是能够容纳多层次、各个阶段农村生产力发展的要求，而且具有很大的优越性和极强的生命力。但是在市场经济体制改革深入发展和城镇化进一步加速推进的大背景下，家庭联产承包责任制下“两权”分离的土地制度开始面临着一系列新的挑战。首先土地所担负的社会保障功能使得农户对承包经营权能的稳定性要求增加，虽然20世纪80年代初和90年代初对土地承包经营权的使用期限分别做出15年不变以及在15年承包期到期后再延长30年不变的政策，但是各地政府根据实际情况在基础上均做出相应修正调整，这使得农户对承包土地使用期限预期不足，对预期净收益能否实现心存怀疑，不能形成长期有效的农业投入和积累机制，从而影响土地产出效益；其次制度虽然规定土地所有权为集体所有，农户只拥有土地承包经营权，由于并没有通过相应确权颁证以保证农户的合法权益，这使得他们所拥有的土地权属不清，造成广大农户无法在更大范围内实现土地的流转，影响了资源配置效率；最后家庭联产承包责任制将土地在集体内部均分，出于平等需求，集体往往会根据地块的肥沃程度、距离远近进行分块，好坏搭配均分给农户。这种初始分配方式直接导致农户承包地的细碎化经营，阻碍了农业现代化、农村工业化及城乡一体化的实现。

正是在上述背景下中央提出了农村土地所有权仍然保持不变，农户的土地承包经营权进一步分离为承包权和经营权“三权”分制的思想，经营权能的放开为解决农地抵押难、担保难的问题提供可能。平罗农村土地产权抵押融资正是通过将“三权”分离下的经营权作为一种抵押权能为广大农户提供融资，为当前农村市场上抵押难、融资难和担保难的局面打开了有效的融资途径。

7.1.2　坚持因地制宜原则

随着近年来农业生产效率的提升，广大农村发展水平得到了大幅度提高，但是农业生产力水平较低、发展不平衡仍然是广大农村存在的主要问题。各地区农村土地的社会保障功能具有极大差异，农村土地作为农民财产的市场价值也有天壤之别。另外国家积极倡导消除城乡二元结构、推进农业规模化以及产业化的内在要求也进一步催生了各地区进行农村土地产权抵押贷款的试点，如东部地区的辽宁法库、福建明溪、浙江宁波等，中部地区的湖北天门、四川成都、重庆等，西部地区的陕西高陵、杨凌，宁夏同心等，因此农地融资功能的释放是不可逆转的改革大趋势。国外土地的私有制与我国农村土地集体所有制有着本质上的差异，这也使得国内与国外农地融资模式不论是制度的设计上还是具体的运行方案上都会有所不同，因此国内农村土地产权抵押融资模式不能生搬硬套国外的模式做法，而是要科学地借鉴国外农地抵押融资的有益经验，从中汲取教训形成具有自己特色的农村土地产权抵押融资制度。同样由于地域辽阔，经济社会文化发展差异较大等原因，不可能存在一个完全标准的融资模式，一个地方运行效果较好的模式如果完全嫁接到另一个地方，也同样会因为水土不服而发挥不出应有效果，甚至适得其反。

通过前面章节对宁夏平罗的农村土地产权抵押融资模式建立背景研究发现，当地有着自己独特的优势。一方面是有国家和地方政府相关政策的大力支持，如2011年底被国家农业部确定为农村改革试验区并主要承担农村土地承包经营管理制度改革试验任务，2012年底当地开始办理农地产权抵押融资业务；另一方面，当地距离宁夏首府银川50公里，处于银川的经济辐射范围圈，近几年来当地经济发展迅速，依靠着丰富的旅游和矿产资源，第二、第三产业占比达到当地全年生产总值的87.28%，近十年来20.15%的年平均增长率远远高于全区水平，居民收入水平普遍较高。2014年全县总人口31.62万人，农业人口22.61万人，耕地面积82.18万亩，可利用荒地面积达到113.49万亩，具有丰富的土地资源，人均、劳均耕地面积较大，当地农业生产现代化的转型促使了农地规模化的经营。另外农民人均纯收入突破了万元大关，农民经营性收入占比降低，工资性收入占比增加，农民收入水平提高和组成结构的变化弱化了土地所承担的经济社会保障功能，这些都为平罗当地农村土地产权抵押融资的开展提供了先天优势条件。不同地区的经济基础和产业发展状况差异使得当地农户在农村土地产权抵押的认知和思想观念方面存在较大的差异，这些差异将会对农村经济发展和土地利用方式效果产生直接的影响，通过借鉴其他地方的相关经验并结合自身地区的优势与劣势，科学合理地选择农村土地产权抵押融资模式，坚持因地制宜的原则，切实发挥农村土地产权抵押推动农村经济发展的作用。另外在农地制度改革的过程中也不能单纯为了追求利益而进行激进、冒进的改革，由于农民数量众多，阶层分化明显，个体情况复杂，在农村土地产权抵押融资模式坚持结合当地实际情况下，还要坚持稳妥渐进、风险可控的原则，只有在稳定农村社会大局，符合社会稳定的大前提下，相关的制度创新才可能获得社会的认同，相关金融创新才能增进广大农民的金融福利，也才能通过试验或创新获得合法推进的群众微观基础，保证农村土地产权抵押融资模式的可持续性发展。

7.1.3 坚持农地资金用途管理原则

平罗农村土地产权抵押融资模式的推广是为了缓解当地农户抵押难、融资难而催生的新型农村金融业务，通过该项业务能够唤醒农户手中这一沉睡资本，广大农户可以利用手中所掌握的土地经营权向金融机构申请资金融通，通过该资金进行农业生产投资，提高农业效益从而增加他们的收入。因此农村土地产权抵押融资应该面向农业和从事农业生产的自然人和法人，换句话说农村土地产权抵押的资金用途应用于农业生产，而不能用于商业、工业等非农产业。前面章节数据统计显示受访农户中有48.30%的农户希望将农地资金用于非农业的经营性支出，这与当地的非农产业收入较高有直接关系，另外在最终获得农村土地产权抵押融资的农户统计中发现，35.78%获贷农户表示金融机构没有进行贷款资金用途的跟踪调查，当地主要办理农地抵押的是农村商业银行，与大型国有商业银行相比，在人员配备、业务完善等方面都存在一定差距。调查发现，该行的每个营业网点的信贷人员平均为3~4名，以某营业网点2014年办理的农地抵押融资业务为例，在开办的485笔农地抵押中仅有5笔在80亩以上，抵押不足30亩的有372笔，平均贷款金额不足3.5万元。由于农村土地产权抵押融资的特殊性，金融机构需要花费大量的人力、物力做贷前调查，同时由于办理农地融资业务人数较多，他们在对贷款的后续管理上存在较大难度，信贷人员认为只要获贷农户最终按时偿还贷款即可。对于商业银行而言，盈利性、流动性和安全性是它们坚持的三性原则，其经营的最终目的是实现盈利最大化，盈利性既是评价商业银行经营水平的核心指标，也是商业银行最终效益的体现。对于农村土地产权抵押融资业务而言，其特殊性使得贷款资金需用于农业生产领域，当贷款农户为追求较高效益而将农村土地产权抵押资金用于投资非农产业时，而金融机构对其资金用途又不加以限制的话，这明显违背了当地农村金融改革政策服务“三农”的初衷，并且会进一步加剧农村资金外流的现象，其必然会削弱农业发展的基础，使农业成为制约当地农村经济发展的瓶颈。

平罗当地市场体系的完善建设离不开各种要素市场的培育和发展，但由于农地流转市场化程度还较低，农村土地产权仍然处于相对固化的状态。当地第二、第三产业的进一步发展会吸引更多的农村劳动力向城镇非农产业转移，这会使得农村土地低效利用的情况变得愈发严重：一方面土地自发流转面积较大，近年来全县农民自发流转土地面积达到2.19万亩，但由于大多是口头协议和自行转租，由此引发的土地流转纠纷较多（王永舵，2013）；另一方面留守农村的劳动力日趋老龄化和低素质化将会严重阻碍农村经济的发展。因此，针对农村土地产权抵押需要坚持资金农业用途的原则，加强对获贷农户的贷后资金跟踪调查，督促农户将资金用于农业生产当中，获贷农户为了获得较高的农业收益，他们也势必会利用现代农业科技技术来进行农业生产，这样有利于现代农业科技的推广，实现传统土地粗放式生产经营的转变，从而进一步提升农村土地的利用效率。

7.1.4 坚持市场主体参与为主、政府支持为辅原则

平罗农村土地产权抵押融资模式的目的是服务于农村和农业经济的发展，它是以农户家庭耕地为抵押品而开展的资金融通活动，由于农业天生的弱质性，农地金融业务面临着较高的自然风险和市场风险，出于资金安全性的考虑，当地金融机构往往采取惜贷的态度，因此政府的必要支持则有助于降低金融机构的信贷风险，对于激励金融机构的业务开展就显得十分必要。在现行试点的农村土地产权抵押融资模式中，基本上都是在政府的支持和推动下进行的，特别是在最初试点运行中，政府无一例外地在农地融资制度的创设阶段提供了财政支持和优惠政策，如提供农村产权确权、农村资产价值评估标准、农村产权抵押登记管理、农村资产流转服务或交易平台、信贷风险防范或补偿机制等各方面的支持。

当地政府对农村土地产权抵押融资的支持不能完全取代融资交易双方的市场主体地位，农村土地产权抵押融资模式仍需要坚持市场化经营，避免政府对农地抵押业务办理的直接干预，防止产生道德风险，因此平罗农村土地产权抵押融资模式需要政府支持与市场参与主体相结合。农村土地产权抵押融资的市场参与主体是金融机构和农户，政府支持的最初目的是在市场发育还不完善之初扶持交易市场中的参与主体。农村土地产权抵押融资模式的顺利推广还需要切实考虑参与主体的实际情况，如何使交易双方在成本最小化的原则下实现双方共赢的局面。如对于需求主体的广大农户而言，他们最了解农村微观主体的需求状况，因此他们对资金的相关诉求、农地融资业务的感受是客观真实的，从他们对该业务评价中总结出宝贵的意见可以为农村土地产权抵押融资模式优化提供重要的启示。同样对于供给主体的金融机构而言，由于农村土地产权抵押融资模式创新是释放农村实物资本的融资功能，沿袭的是城市金融发展的道路，运用所颁发的农村土地承包经营权证进行抵押融资，但农村金融的发展与城市金融毕竟还存在一定差异性，如用于抵押的农村土地变现问题等，这方面对于城市金融抵押物而言就不存在任何问题，因此金融机构需要适应农村的金融生态环境，充分挖掘不同于城市金融的特点，如农村社会资本等。对于当地而言，农户大多都居住在一个相对狭小的生活空间，他们之间也都相互熟悉了解，因此通过发挥村民之间的社会资本功能，将社会资本与农村土地实物资本相结合可以避免金融机构开展单一农村土地产权抵押业务的潜在风险，同时还能减轻政府支持的相关压力。

7.2 农村土地产权抵押融资模式优化目标

7.2.1 “政府＋市场”农村土地产权抵押融资模式构想

农村土地产权抵押融资模式在总体的制度设计上应该考虑农户失去土地和耕地流失的风险，农户用于抵押的承包土地标的物是经营权，不是承包权，更不是所有权，即使农户无法偿还贷款而失去用于抵押的土地时，也只是失去一段时间内的经营权，并不会永久性地失去土地承包权。第四章中对参与农户统计中发现，64.88%的参与农户表示仍然会继续选择农村土地产权抵押融资，可见农村土地产权抵押融资仍然是农户融资的备选工具，该业务在当地市场有着较大的发展前景。但是作为“政府主导”的农村土地产权抵押融资模式，通过前面的分析发现，它在试点运行过程中存在的问题仍然需要改进，因此提出“政府+市场”农村土地产权抵押融资模式构想（见表7-1）。

表7-1　　宁夏平罗农村土地产权抵押融资模式优化目标

存在问题	解决方案	模式优化目标	模式优化类型
农地价值评估方法缺乏科学性	建立科学农村土地价值评估体系	准确地评估农村土地价值	“政府+市场”农村土地产权抵押融资模式
融资额度小、利率低、期限短	完善农村土地产权抵押融资业务	适用市场的多种农村土地产权融资业务组合形式	
农地融资业务开展不均衡	建立农地金融市场良性竞争格局	金融机构良性竞争	
风险补偿基金控制和管理不足	改进农村土地产权风险基金补偿管理和分散机制	多渠道化解农村土地产权抵押资金风险	
农地信息管理系统落后，产权交易市场发育不完善	加强农村基层组织合作	有效弥补农村产权交易市场不足，发挥市场主体功能	

7.2.2　“政府+市场”农村土地产权抵押融资模式业务流程

针对上节所提出的“政府+市场”农村土地产权抵押融资模式构想，重点是建立科学的农村土地价值评估体系和加强与农村基层组织合作两方面：

一方面当地的农村土地价值在评估方面具有明显的政府主导行为，这样造成测算的农地价值并不能真实地反映出实际价值，农村土地定价机制的制度性缺失将会降低农地抵押融资业务效率。作为农村土地产权抵押融资的基础性工作，土地价值的评估依旧是当地农村土地改革试点运行工作中的一项重要内容。平罗在对农村土地价值评估方面也做了一些相关的基础性工作，但是对于农村土地价值评估的重要性还不够重视，因此需要建立健全符合当地实际情况的农村土地价值评估制度，促进土地资源价格合理形成。

另一方面从当地的农村土地产权抵押融资流程介绍中发现，当土地评估足值时，农户可以直接获得抵押贷款，而当土地评估不足值时，会以集体内一两个农户作为信用担保，并且通过对机构人员的访问也得知，信用担保人并不需要具有正式工作，当地大多采用以抵押为主、附带的“抵押+担保”为辅的方式。一方面农户获得的融资额度较小，另一方面对担保农户职业的不设限，并不能提高融资农户的信用水平，同时担保公信力较小，当担保农户到期也不偿还贷款时，农地抵押贷款就有成为坏账的可能性，也就是说仅仅以集体内一两个农户作为信用担保，对农户违约的约束程度较低。同时在监督方式上，当地是农户直接将农地经营权直接抵押给金融机构，金融机构在受理申请、贷前调查及审查中也会严格进行把关，但是融资农户相对于金融机构而言是各有信息优势的，这样就会形成潜在的融资风险，虽然当地也建立有风险补偿基金，但是金融机构毕竟追逐盈利，它们更加希望通过发放贷款增加相关业务收入，而在政府风险补偿基金赔偿之前，金融机构需要进行一系列农地抵押违约程序，这对金融机构而言成本较大，监督方式的责任主要还在于金融机构自身。因此需要加强与基层组织合作例如土地信用合作社，利用其发挥执行审核和监督机制功能，有效地防范金融机构和贷款人以及潜在借款人之间的信息不对称所带来的信贷风险。

“政府+市场”农村土地产权抵押融资业务流程如图7－1所示：

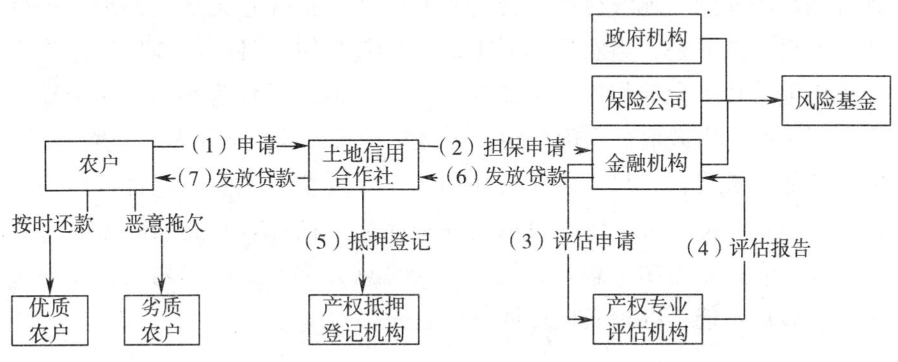

图7－1　“政府+市场”农村土地产权抵押融资模式流程

当农户想要申请农村土地产权抵押融资时，应向土地信用合作社提交贷款申请书和村委会所开具的意见书，其中申请书上应当说明借款的用途及拟贷款额度，并将土地经营权证书转交到合作社作为借款的抵押品，土地经营权证书能够向农户提供合法保障，同时也能避免因权属不清而造成的不必要矛盾。若是前期流转的土地，需土地使用权的原有人签订同意协议方可进行申请抵押，合作社负责人会根据贷款农户的申请材料和经营权证书对农户资格进行初步审理，查看农户是否还在其他银行有着不良信用记录等或者用于抵押的土地还有无其他任何纠葛；同时根据农户的生产能力，考察农户是否真正能将贷款用于申请书上所表明的农业生产目的，以及贷款额度是否合理等。通过土地信用合作社的初步审定可以降低金融机构发放贷款的信用风险，防止融资农户因逆向选择和道德风险等问题对金融机构资金造成风险。当土地信用合作社在一定时间内搜集齐需要办理农地抵押的农户申请资料后，再将相关资料以合作社的名义统一上交给主办金融机构。金融机构根据合作社所提交的申请材料进行核查，向土地产权评估机构提出评估申请，当评估机构收到申请报告后，会派专门的评估人员对用于抵押土地的类型、面积、地理位置以及土壤肥沃程度进行全方位的综合评估，并出具相应的评估报告，然后将评估报告返回金融机构，金融机构再根据评估机构所出具的评估报告进行再一步审核确定发放贷款。以土地流转合作社为单位将总贷款进行发放，在这里可以由融资农户与金融机构直接签订贷款合同，也可以由土地信用合作社负责人代签贷款合同，在这期间融资农户或者是合作社需要到当地农村产权交易中心的产权抵押登记部门办理抵押登记。值得注意的是，当农户不能按期偿还贷款时，可由土地信用合作社发挥土地流转平台的作用，由需要流转的土地农户代为偿还，剩余部分产生损失的再由政府、保险公司和金融机构按照风险防范基金进行补偿，从而消除不良贷款，只要农户后面归还了农地贷款本息，就可以赎回土地经营权，将农户的失地风险控制在集体组织内部。在此期间需要有效鉴别欠款农户是否属于恶意欠款，若为恶意欠款需要将其列入到征信记录中，以后不能再办理农地抵押贷款业务。

7.3　农村土地产权抵押融资模式优化方案

7.3.1　建立科学农村土地价值评估体系

农村土地产权抵押融资是依靠农村土地经营权抵押获得资金融通的一种形式，其核心会涉及土地产权价值的评估问题，只有建立科学的农村土地产权价值评估体系才能够准确评估抵押标的物的价值，从而保证农村土地产权抵押融资业务的顺利有序进行。目前试点地区的土地价值评估机构存在地方和部门保护主义现象，行政化倾向较为严重，同时相关评估人员的资质认证是政府行为主导的，这严重影响评估结果的真实性和准确性。其他试点地区运用的市场比较法、现金流贴现法、收益还原法、成本法、剩余法等，那么具体方法应该根据试点地区的实际情况择优选择，平罗目前还没有一个完善的农地价值评估标准体系，已有的评估标准体系还都处在试验过程中，如农村土地产权评估价值 = 单位面积基准价 × 评估土地面积 × 剩余年限，虽然出台了农村土地产权价值评估指导价格，但由于是由政府直接设定的，不是专业化的评估机构评估价格，因此既无科学依据同时也不具备法律效力，并不能真实客观地反映其农地价值，另外土地价值评估除了需考虑其地理位置、肥力、面积和基础设施状况外，由于当前农地抵押以经营权的收益获得融资资金，这就需要对其经营权的收益进行评估，目前比较常用的做法是用土地地面附作物的市场收益替代土地经营权的价值，地面附作物的收益一般是按照当地农作物的平均产量与当年市场参考价格的乘积进行相应核算，通过将土地的基准价值和地面附作物收益两者结合考虑，才能更加科学地评估农村土地价值。

7.3.2　完善农村土地产权抵押融资业务

受访农户普遍反映农村土地产权抵押融资存在着贷款额度小和期限短两大明显问题，该融资模式的贷款额度大多集中在 3 万 ~5 万元，贷款期限通常为 1 年期，还款方式是按季付息、一年还本。融资农户为了确保能够在有效的时间内偿还贷款，他们通常会将贷款用于风险较小、周期较短的生产，受制于农业生产周期长、抗风险弱的特点，融资农户往往会违背农地贷款资金的最初用途而转用于其他领域投资，以求获得快速的回报从而达到初始资金积累的目的，这样就偏离了国家和地方政府进行农地抵押试点的初衷，并没有达到有效支援“三农”的目的，对于一年贷款期限，农户即使用于非农领域的生产也不会获得较高的投资回报。总的来说通过对农地抵押贷款期限和额度的严格控制防范金融风险，虽然考虑了金融机构的相关利益，但农户并没有将通过农村土地产权抵押获得的贷款效用发挥到最大，反而会因为贷款期限较短增加了农户的贷款成本，从而严重束缚了土地抵押融资功能。金融机构对农村土地产权抵押业务进行严格的额度和期限限制主要原因是按照当前土地评估价值的核算体系计算出的农地抵押价值较低，另外农业抗风险性较小，金融机构为了尽快回笼资金故将贷款期限进行压缩。

（1）融资额度方面，根据对相关信贷人员调研发现，当地针对农村土地产权抵押业务以纯粹的农地抵押为主，即在农地价值评估足值的情况下，农户就可以完全获得贷款，只有在当农户用于抵押的农地评估不足值的情况下，机构在对农户进行综合评估认为可以发放贷款时，才沿袭了小额信用贷款中的风险控制手段，需要其他农户进行担保。也就是说当地绝大多数农地抵押是以“抵押”为主，附带“抵押＋担保”形式，这种完全以依靠农地进行抵押的方式在当前农地流转并未完全形成市场化的前提下，贷款授予额度都不太会出现大幅度的提升。从德国、美国和日本等发达国家的农地抵押制度经验来看，它们土地授权额度较大主要是通过发行土地证券进行融资，土地证券经过政府机构授权，使得土地证券和普通商业证券并无差异，可以在资本市场进行自由流通，投资人只需要在公开市场购买土地债券，到期向发行证券的机构收回本息即可，而不需要知道贷款人是谁，甚至毋需知道证券担保的土地在哪。国内的某些试点地区也出现了农村土地证券化的形式，如浙江宁波的“房票”抵押、重庆的“地票”抵押以及湖北鄂州的“两指标”抵押①，程郁等（2014）认为这些仅适用于一些具有价值显性化的特殊土地类型，对于缺乏明确的需求主体和充分的收益价差的普通农村土地和农房，则难以在市场上兑现土地票据价

---

① “房票”抵押是以集体土地房屋拆迁补偿权益证书进行质押贷款；“地票”抵押是农村建设用地复垦后取得的面积相等的建设用地指标；“两指标”抵押是凭借建设用地挂钩指标和耕地占补平衡指标的收益作为保障申请贷款。

值，土地证券化也无法成为有效的抵押物。但土地证券化对于农村土地抵押贷款的重要意义在于以土地收益为担保发行债券融资，通过将资产的收益和风险进行分离和重组，可以帮助金融机构有效分散农村土地抵押贷款业务的风险，并建立起农村产业投资的长期融资通道。目前来看平罗地区明显还不具备发行土地证券的能力，但是可以参考其他地方的农地产权抵押融资模式，事实上农村土地产权抵押大多数并不是独立实现的，而是辅之以信用、担保、保证以及其他抵押物联合实施的，如采用“信用 + 抵押”、“担保 + 抵押”以及“信托 + 抵押”等多种组合相结合的形式增加农户获得贷款的额度。例如陕西杨凌模式中规定除了农村土地经营权和房屋可以作为抵押标的物以外，农业生产设施、活体动物及果树、蔬菜大棚等资产均全部包含在可抵押的范围内，如农户想用农村土地产权抵押资金用于养牛，在以农地抵押的基础上，通过对预期所购买的牛的出栏市场价值进行适当评估，按照一定的比例进行折算，通过这两种组合能够提升农户的贷款额度，同时还能防止当农户不能按期偿还贷款时，活体动物的变现可以有效替代用于抵押的土地；或者是按照湖南浏阳农村商业银行的做法在农户信用贷款的基础上，再根据农村土地的评估价值增加相应的贷款额度，平罗农村商业银行 2015 年通过开办富农卡业务，最高可以给农户发放 10 万元左右的贷款，通过将富农卡和农村土地产权抵押融资业务的有效结合，不仅拓宽了农户的融资渠道，还增加了农户的授信额度。总之就是在目前农地抵押的基础上，采用多种组合形式增加农户贷款额度，同时也能减少金融机构的放贷风险。

（2）融资期限方面，国外农地抵押由于通过发行土地债券在资本市场进行资金融通，贷款期限通常较长。国内目前大多数试点地区的期限较短，其中成都市农村土地产权抵押划分为 5 年、11 年和 39 年不等期限，39 年是针对企业发放贷款，辽宁省法库县规定农地抵押期限不超过 5 年，大部分试点地区的基本情况都是在一年左右，远低于土地承包合同的有效期限，需求农户的融资期限通常都会大于一年，农地抵押融资供给短期化与农户生产需求长期化存在相互矛盾。笔者认为可以在现有农地抵押模式的基础上根据当地的实际情况采取分阶段、分区域地逐步放开对抵押期限的限制，从平罗地区融资需求主体来看，大多数农户都希望融资期限在 3 ~ 5年较为合适，那么当地具体可以将农地抵押偿还方式根据所用于农业领域的资金用途划分为短期贷款、中长期贷款和长期贷款。短期的土地产权抵押贷款为1~2年，通常可以采用目前试行的到期一次偿还法（例如对于牛、羊等投资），中长期的土地产权抵押贷款一般为3~5年，通常可以采取分期偿还法，例如“配合收获季节”偿还和一年偿还本息等形式（通常指用于投资经济作物等生产周期较长的农业生产），长期的土地产权抵押贷款一般为5年以上（主要用于大规模农业生产投资），可以采用到期全部偿还、部分偿还和分期偿还等三种方式，再根据当地的发展情况逐级增加，以保障农户中长期的农业融资需要。通过对不同资金用途的期限划分达到满足不同类型农户融资需要的目的。

（3）融资利率方面，农村土地产权抵押贷款利率是根据央行公布的短期贷款基准利率上浮50%标准统一执行，根据这一标准执行的贷款利率明显低于其他贷款业务，这样做的结果就造成想要通过农村土地产权抵押业务融资的农户明显增多，由前面的调研数据可以得出当地77.04%的农户有融资意愿。但是贷款利率的下调同样会造成主办金融机构的供给意愿下降，虽然有碍于政府的行政命令压力，近两年来金融机构发放农地抵押贷款笔数增多，随着央行较短时间内连续几次地下调存贷款基准利率，按照平罗当地的执行标准农村土地产权抵押贷款业务的利率会进一步降低，这无异于更加削弱农地抵押业务的供给意愿，即使金融机构同样会办理农地抵押业务，其仍然可以通过看似较为合理的理由拒绝申请农户，如受访农户中仅有33.53%的农户获得了农地贷款。笔者认为可以在当地目前这种实行统一标准贷款利率的基础上，实行差异化利率，如南非土地银行实行的是市场利率与优惠利率相结合的政策，大部分农地抵押贷款执行市场利率，少数实行优惠利率。当地可以根据农地抵押业务的不同贷款期限与用途，确定不同的贷款利率水平，一般来说，对于风险较小、期限较短的农地抵押贷款，采用较低利率；对于风险较大、期限较长的农地抵押贷款，则适当采用较高的利率，持平甚至高于其他业务贷款利率，对于高于一般贷款利率的部分则应由政府出资给予农户贴息。通过适当提高农地抵押业务贷款利率的灵活性，增加金融机构农地抵押业务收入，在给予农户政策优惠的同时，同样也维护了金融机构的合法利益，提高了金融机构参与农地抵押业务的积极性（见表7-2）。

表 7-2　　　农村土地产权抵押融资业务优化方案

融资形式	融资期限	还款方式	融资利率
产权抵押 + 信用； 产权抵押 + 保证； 产权抵押 + 信托； 产权抵押 + 反担保等组合融资形式	短期融资（1~2 年）： 适用于活体牛、羊等投资； 中长期融资（3~5 年）： 适用于生长周期较长的经济农作物等； 长期融资（5 年以上）： 适用于大规模农业生产	短期融资（1~2 年）：一次性偿还本息； 中长期融资（3~5 年）：分期偿还（配合收获季节偿还或者逐年偿还利息最终偿还本金）； 长期融资（5 年以上）：全部偿还、部分偿还和分期偿还的组合方式	风险较小，期限较短： 按照原来根据人行基准利率上浮 50% 执行； 风险较大，期限较长：根据人行基准利率上浮 50%~80% 执行，与其他融资业务利率持平

7.3.3　建立农村土地金融市场良性竞争格局

国内部分学者认为我国的农地抵押制度应该像德国和美国那样由政府出面指定或新建立一家专门的金融机构来承担农地金融即土地银行，这样通过建立土地银行能够迅速有效地建立农地金融制度，同时也能够弥补农户创业初期资金匮乏的缺陷（邵传林和霍丽，2009；郭骊等，2010）。我国的农村土地制度属于集体所有，农户只有土地的承包经营权而无所有权，他们可以很低的成本取得土地承包经营权，并且法律明文禁止土地所有权交易，只允许农地承包经营权的流转行为。罗剑朝（2005）认为我国农地金融制度的目的不包括协助农户购买土地，因此建立农地金融制度所需资金并不十分巨大，并且建立土地银行无论是从成本还是从组织机构方面，都会制约制度绩效和加重国家财政负担，降低现有资源配置效率，当前的农村金融机构有足够的实力承担农村土地产权抵押业务。

平罗农村土地产权抵押融资模式也遵循着以现有金融机构开展业务，第五章中指出当地有七家金融机构在办理农村土地产权抵押业务，基本涵盖当地所有的金融机构数目，但是在调研过程中发现金融机构办理农地抵押业务量分配严重不均。自 2013 年农村土地产权抵押融资试点以来，农村商业银行基本上占据当地农村土地产权抵押业务 90% 左右的市场份额，虽然农村商业银行是由农村信用合作社改组而来，自身合作金融性质、组织分布和业务特点都为其开展农地金融业务创造了良好的条件，这样看来农村商业银行办理农地抵押业务具有比其他金融机构更好的先天优势，但是农村商业银行仍然属于商业银行性质，“资本逐利”仍然是其本质。农村土地产权抵押业务属于当地政府扶持“三农”而开设的优惠业务，通过更多的优惠政策倾斜于广大农户，也就是说农村土地产权抵押业务开展得越多，农村商业银行通过该业务所产生的利润就越少。长期以往势必会阻碍农村商业银行办理农地抵押业务的积极性，并且一家独大的局面也不能有效促进农地抵押模式的顺利推进。笔者认为当地在现有的金融机构数目基础上，应当鼓励参与较少的金融机构扩大开展农村土地产权抵押业务，形成良性的市场竞争循环机制，通过市场合理分配办理农地抵押业务数量，达到有效分担办理农地抵押业务风险的目的。当然当地政府机关需要对办理农村土地产权抵押业务的金融机构采取相同的扶持政策，如笔者在走访金融机构实地调研中发现农村商业银行享有 5 万元以下小额贷款税收减免政策，而沙湖村镇银行却在 2015 年开始就不再发放涉农贷款补贴等。另外为了使农地抵押业务更加有效，笔者认为当地有能力的金融机构，特别是农村商业银行应该单独成立农村土地产权抵押贷款部门来负责农村土地产权抵押业务，该部门只负责农村土地产权抵押业务范围，不涉及其他贷款业务类型，抵押贷款业务部的工作主要包括接受农户或者是农村企业交来的农村土地产权抵押业务的相关资料，确定农村土地产权的抵押担保关系；农村土地产权抵押融资的发放和贷款期限的确定以及贷款农户到期不能按时偿还贷款时，将用于抵押的农地交于农村产权交易中心的抵押物处理等（罗剑朝，2005）。

7.3.4 改进农村土地产权风险基金补偿管理和分散方法

我国以小农为基础的家庭经营模式具有弱质性和分散性的特点，致使对农村金融服务存在较高的风险和成本，农村贷款难的根源在于金融机构对农户提供贷款面临风险、成本与收益的不对称性。国内目前试点地区当中由于存在农村土地流转市场发育不完善、农村土地价值不高以及农村土地抵押权的实现困难等问题，现实操作中农村土地很难独立作为有效的抵押物，金融机构缺少化解风险的渠道和机制，这就需要通过市场参与主体的第三方设立风险防范基金来预防农地抵押风险。笔者查询相关资料发现试点地区中宁夏同心模式较为特殊，它没有设立风险防范基金，但是通过农户入股成立村土地协会组织，由土地协会组织为农户贷款提供担保，为主办金融机构的风险控制增加了一道保障，同时农户与土地协会组织签订农地经营权入股抵押协议，以农户自身的农地经营权向土地协会组织进行反担保，一旦农户不能还款，农地经营权将流转给替他还款的担保户或村土地协会组织，由于这种农地土地流转在本村内部进行，具有较低的交易成本，也具有现实可行性，对贷款农户是一种可置信的威胁。因此宁夏同心模式中的农村土地协会创设强化了金融机构的信贷风险控制，也有利于减轻金融机构的“惧贷”心理，土地协会组织实质就担当第三方的角色。国内绝大多数的农村土地产权抵押融资模式都是由政府行政主导推动的，因此第三方基本上都由政府担任，如辽宁法库县相关部门研究制订的《法库县农村土地承包经营权抵押贷款贴息资金及风险补偿金使用暂行办法》中规定县财政安排500万元资金专项用于土地承包经营权抵押贷款的风险补偿；四川成都的农村产权抵押业务中由市和区（市）县政府出资设立农村产权抵押融资风险基金，当融资农户履行期满三个月后仍未能清偿贷款时，经与金融机构协商可共同向当地风险基金提出收购抵押资产的申请，经审核后可按基准价收购抵押资产，收购款用于清偿债务，若在抵押物处置的过程中出现损失则由风险防范基金承担80%，贷款银行承担20%；重庆农村“三权”抵押中由政府设立的风险补偿专项基金需要对农村土地不良贷款承担35%的风险补偿，另外浙江宁波和湖北天门的农村土地产权抵押业务中都是由政府设立风险防范基金。同样少数是由非政府组织成立，如福建三明市明溪县的农村土地产权抵押采用的就是“基金担保＋土地经营权抵押”模式，即行业设立基金，由基金担保和经营户的土地承包经营权抵押共同担保以获得贷款，担保责任由基金和土地承包经营权按约定比例分担（曾庆芬，2011）。

平罗模式也是由政府行政主导推动的，跟国内大多模式一样由政府设立风险防范基金，通过前面介绍得知当地政府注册的风险防范基金为1 000万元，由平罗县政府每年通过财政预算安排300万元作为农地抵押贷款的风险处置资金，用于先期垫付农地抵押贷款到期无法清偿或延期清偿债务，剩下的风险防范基金部分逐年预算拨付。按照风险共担的原则，发生农地抵押贷款形成不良债务时，由政府注册风险防范基金承担80%，金融机构承担20%。笔者在对当地主办金融机构走访中发现，当地的风险防范基金只有第一年按期拨付了300万元，剩余的700万元并没有按照相关政策说明那样逐年预算拨付，并且至今700万元的风险防范基金都没有到位①。另外金融机构负责人认为为了积极推动农村土地产权抵押业务，提高金融机构的参与热情，应当将风险防范基金单独设立风险基金账户存入主办金融机构，有了切切实实的风险基金账户在银行作为风险保障，能够在某种程度上放开金融机构开展农地抵押业务的步子，但是他们同样也认为风险防范基金作为财政资金部分不存入主办金融机构也在情理当中，只是受制于农地抵押市场流动性差和变现困难等因素，当融资农户不能如期偿还贷款时他们只能采取催收的方式而不会主动将用于抵押的农地交于农村产权交易中心进行变现，从某种程度上说当地的农村风险防范基金并没有发挥出作用。笔者认为当地政府应当按照相关政策说明那样将剩余的700万元风险防范基金继续拨付，并建议每年年初根据当地金融机构开展农村土地产权抵押业务额度的具体情况，按配额比例将风险防范基金存入不同的金融机构部门，并在年末根据农地抵押业务损失情况进行适当比例补充或者调配，当然在这过程中风险防范基金该如何管理，如何防止风险防范基金被挪作他用等相关因素仍然需要当地监管部门加以仔细斟酌。风险防范基金在市场培育初期非常必要，等当地市场发育成熟后，由政府财政担当信贷风险和抵押品处置的角色就要适时退出，否则会降低金融机构对贷款项目或贷款人的筛选激励，产生对财政资金的过分依赖，从而降低模式运作的市场化程度。同时应当鼓励农户参与农业保险业务，在农地抵押融资业务中引进农业保险体系，将保险公司也纳入风险防范的范围中来，通过财政、保险与金融相结合的方式承担风险补偿基金，分散农地抵押融资中的违约风险，将其资金损失降到最低。

7.3.5 加大与农村基层组织合作力度

通过第五章机构信贷人员的调查发现62.5%的受访人员愿意向10

① 资料来源：http：//www.nxpl.gov.cn/info/1598/50004.htm。

亩以上的农地面积提供农地抵押贷款，信贷人员认为他们每办理一笔贷款都会付出相应成本，受理100个1亩农地抵押的交易成本明显要高于1个100亩的农地抵押，但是由于总面积相同，通过农地抵押而产生的收益即贷款利息却是相同的，因此金融机构排斥小规模经营农户具有经济上的必然性，这主要产生于金融机构的营销排斥即金融机构的目标营销策略中将小规模经营户予以排除，因此金融机构更倾向于向规模经营农户发放贷款。从农地价值方面来看只有规模经营的土地才具有抵押的价值，且规模经营主体的需求也能使土地经营权更具有市场价值，为农地抵押经营权的实现创造现实的条件，金融机构更愿意接受大规模土地作为抵押物。另外农地规模经营的发展也能够带动现代农业经营与管理方式的采用，有利于获得农业规模经济，摆脱农业小生产与大市场对接的困境，对于土地适度规模经营主体的融资有极大改善作用。为了有效降低农地细碎化而导致金融机构惜贷现象，国内大多数试点地区的农村土地产权抵押融资模式都成立乡（村）级合作组织，如宁夏同心模式的土地协会、辽宁法库和四川崇州的农民专业合作社、山东枣庄的土地合作社等。郭忠兴等（2014）认为农村土地产权抵押贷款的多级链式交易过程决定了混合型治理结构具有较低的交易费用，大力鼓励成立农村基层合作组织。通过成立乡（村）级合作组织可以较大面积的土地进行抵押，一方面解决了金融机构信贷人员审批贷款成本；另一方面克服分散经营农户土地零碎、抵押价值不高的局限，并且通过合作组织的担保提升贷款农户的信用水平，使得贷款农户容易从金融部门获得贷款。这样能够使农村土地产权抵押融资潜能得到充分释放，从而解决农村发展的资金瓶颈问题，特别是在农村土地流转平台还没有完善的情况下，运用现有的乡（村）级合作组织更能发挥流转土地的功能。

平罗当地早在2006年就成立“小店子村土地信用合作社”，通过租用农户20亩地实行从播种到收割的机械化作业，同时开展代耕代种业务。当地政府于同年5月颁布《关于推进农村土地作用合作社建设的通知》，要求全县每个乡镇都要选择一两个村进行试点，截至2011年末当地已经挂牌成立农村土地信用合作社62个。当地乡（村）级合作组织结构已经非常完善，其基本运作流程是吸收“存入”土地（经营权），并给存入土地的农民一定利息，经过整理形成连片再“贷出”土地（经营权），并收取利息，存贷之间的利息差额就作为乡（村）级合作组织的收入（邵传林，2010）。Zhang 等（2004）认为土地股份合作社作为农地经营权流转的中介组织，实际上是由合作社全权代理的，土地承包者无须直接参与合同交涉即可进行流转交易，随着农村劳动力大量转移可以逐步实现适度规模经营，对农业、农村手工业以及农户收入和消费各方面的发展都起着关键作用。目前当地的农村土地信用合作社主要开展存贷土地业务，不对规模农户或农场提供以土地为标的物的抵押贷款，准确来说它是土地流转市场的中介组织而不是金融组织，其本质是土地承包经营权流转的交易平台。

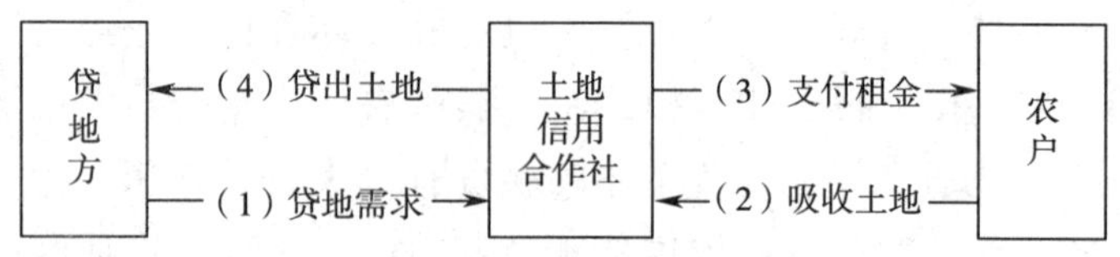

图7-2　平罗土地信用合作社运作流程

平罗农村土地产权抵押融资模式中农户直接通过政府所颁发的土地承包经营权证就可以向主办金融机构申请融资，这与当地存在的土地信用合作社之间看似并没有联系，但是土地信用合作社可以发挥基层土地流转交易平台的作用来弥补现有的不足，这又与农地抵押有着必然的联系，只是当地并没有将两者有效结合起来更好地发挥效用。当前以农村产权交易中心为核心的土地交易市场处于探索起步阶段，农地流转市场也还处于培育过程中，市场化的供求机制、定价机制、价值实现机制等都未形成，土地流转市场非常薄弱。目前已办理的农地抵押贷款中尚未触及对经营权的处置流转，一旦出现贷款违约，法律限制性规定使得农地抵押可操作空间变得狭窄，农村土地用途严格限制规定农地经营权的流动只能在农村和集体成员内部流动，封闭的市场运行环境决定农村土地的价值难以得到提高。在该基础上建立的农村土地权属数据库也还处在初始阶段，只能说收集汇总了相关数据还不能称之为建立了管理系统。后续工作进展缓慢，并不具备农村土地产权信息的综合利用和管理，这严重影响了当地农村土地产权抵押业务的开展。笔者认为当地的土地信用合作社可以承担起农户参与农地抵押的流转市场和信息收集的中介组织，由土地信用合作社通过将有融资需求的农户以村级为单位进行整理，统一向金融机构申请农地抵押业务，这既省去了金融机构办理农地抵押业务的相关成本，还可以通过土地信用合作社的担保行为提升农户的信用水平，增加贷款可得性。另外土地信用合作社依靠的是农村熟人社会的特质成立，内生性秩序的能量以及保证成员享有对流转土地的优先受让权可以有效解决农村土地抵押物处置和价值实现困难的问题。当地的土地信用合作社大多是以村级单位建立的，更多地了解到本地相关信息，可以对县级农村土地流转平台起到进一步完善的作用。只是应当由村里威信较高的村长或支书担任土地合作社的负责人，同时他们也将作为贷款第一责任人，这是因为村干部更加了解贷款农户的家庭状况和资金需求，通过自身的人缘优势功能有效执行审核和监督机制，降低金融机构和潜在借款人之间的信息不对称，防止贷款农户因道德风险而产生违约贷款，这在当前农地抵押还不具备法律效力的前提下，对融资农户也是一种可置信的威胁。通过农地实物资产与社会资本的有机结合，农地实物资产连结强化社会资本的作用，社会资本的强化又反过来提升了农地实物资产的融资功能。

充分利用当地的土地信用合作社这一基层组织功效一方面可以促进土地的规模经营，帮助农村青壮年劳动力从一家一户的农业生产中解放出来，有利于多元化农户的家庭收入；另一方面通过合作社可以增大农地抵押面积，有利于金融机构接受农地抵押品。但是值得注意的是从土地信用合作社的组建形式来看，它其实是一个代理问题，对合作社内部社员的利益构成了潜在的威胁。具体地说就是农户将多余的土地入股到合作社，委托合作社管理层将土地进行统一的生产经营，合作社的管理层通常都是村里的主要领导，这会增强合作社管理层相对村民的强势地位，由于信息不对称和对领导层的监督困难，农户在这种委托—代理关系的博弈中处于非常明显的弱势地位，作为代理人的合作社管理层可能滋生机会主义甚至严重的腐败行为，极不利于保护委托人的利益，因此对于合作社的领导层应当选举村内德高望众、具有广大信服力的人来担当。

7.4　本章小结

本章针对平罗当地农村土地产权抵押融资模式中所出现的相关问题进行改进优化，通过借鉴国内外农地抵押融资的相关经验，认为当地农村土地产权抵押融资模式优化应坚持农地“三权”分离、因地制宜、农地资金用途管理和政府支持与市场主体相结合的四大原则，根据融资模式优化目标，拟提出“政府＋市场”农村土地产权抵押融资模式构想，并从价值评估体系、农地抵押业务、金融机构、风险防范基金和基层组织合作五个方面提出了具体优化方案。

第八章　宁夏平罗农村土地产权抵押融资模式优化的政策建议与对策

第三章介绍了农村土地产权抵押融资模式的现状、特征及问题，第四章与第五章分别从融资需求主体农户和供给主体金融机构方面进行相关实证分析，第六章对当地的融资模式效果进行评价，第七章针对模式中存在的问题进行优化，并提出了具体的优化方案。实现当地的农村土地产权抵押融资模式优化的目的还需要一系列配套制度的支持，如相关法律、农村社会保障制度、农地经营权流转市场等外部配套条件的支持，形成农村土地市场与农村金融市场的良性互动。本章针对农村土地产权抵押融资模式优化目的的外部配套条件方面提出具体的政策建设。

8.1　促进农村土地产权抵押相关法律法规修订和改革

良好的农地金融法律环境可以为农地抵押开展提供有力的外部条件。随着市场经济的不断发展，农村土地市场的潜力越来越大，巨大的经济价值能够使土地发挥更大的财产功能。尤其是在城乡统筹以及新农村建设的背景下，农村土地市场将会释放出更大的活力，这就要求国家尽快促进农村土地产权抵押相关法律法规修订和改革，承认并保护农村土地资本的合法性并切实防范农村土地资本风险，为平罗乃至我国农村土地金融建设建立基本的经济运行环境和法制环境。由于缺乏顶层制度设计，农村土地融资平台的运营缺乏规范性指导，对法律政策能够突破的范围也缺少界定，因此当该创新方式仅获得当地司法部门的认可，还未以国家法律法规来强制推行的时候，农村土地产权抵押融资风险总是存在的。若真正发生农地贷款违约问题时，当地只能采取协调方式解决，银行对于抵押物的处置仍是缺乏法律制度依据的，这就降低了金融机构参与农地抵押的意愿，使得农村土地难以获得长久的生命力。因而有必要通过完善的立法建立一整套法律法规，如《中华人民共和国土地抵押贷款法案》等，通过法案对农地金融的独立地位、农地抵押权等做出明确规定，赋予农地抵押贷款法抵抗其他相关法律的效力。

农村土地产权由“两权”向“三权”分离后，打破了原有的农地产权架构，作为独立的两类物权，承包权与经营权各自权能、性质、取得灭失规则以及负载的农地功能等都不相同，如承包权关注的是农民的生存保障问题，经营权则注重农地经济价值的实现问题。为了保障分离后承包权与经营权各自发挥功能作用，《担保法》、《物权法》和《农村土地承包法》等法律需在其基础上增加土地承包权与经营权为新的物权种类，并对相应权能内容进行界定，从而明确两者的权能界限。另外在《担保法》、《物权法》和《农村土地承包法》等法律的基础上增加农地产权抵押融资的相关条例：明确农村土地可以抵押，抵押的客体是经营权，承包权不得抵押；土地经营权抵押必须在农户承包剩余期限内，并对融资期限进行相应限制；农地处置时，原承包权人有优先受偿权。通过承认农村土地产权抵押融资的合法性，使得相关法律在有关农地抵押界定上保持口径统一。同时规定在条件许可的地区，通过土地置换等方式，扩大经济型用地范围，增强土地增值能力，从而为土地流转创造条件，通过土地流转不断完善，在不影响到农户基本生活保障的情况下允许以农地进行抵押。

8.2　引入第三方农村土地产权价值评估机构

随着农村土地产权抵押业务交易日益增多，农村土地价值的评估将会是经常性的工作，现有设立的产权评估服务窗口势必无法承担日益增多的业务量，并且目前产权评估服务窗口工作是根据主办金融机构所提供的农户抵押相关材料，按照政府下发的评估文件对用于抵押的土地进行核算，仅仅起着核算土地价值作用，并没有发挥产权评估服务应有的功能。农村土地价值受制于区位、交通、产业、排灌及地力多种因素影响，土地产出经济效益千差万别，因此建立一种立足本地特色、较好体现区域经济差异的农地价值评估机制是推进农村土地产权抵押工作的重要环节。

目前平罗当地在农村土地价值评估方法中制定并公布了农村土地产权抵押价值评估基准价格，将辖区内土地分为 2 类共 9 个档次：农田（细化为旱作区 3 档、稻作区 3 档）、宅基地（细化为 3 档），农村土地价值评估方法按照评估土地面积 × 单位面积基准价 × 剩余年限进行核算。当地的价值评估方法较为简单，通过设置抵押年限内的土地基准价问题便于农户理解，但在这里有一个明显的问题是当地颁发的《关于确定平罗县农村土地承包经营权抵押贷款价值评估基准价格的通知》中并没有对单位土地面积基准价如何确定进行明确说明，只是在文件中提及综合考虑立地条件、耕作制度、物价因素等因素。由于不是第三方机构评估，并不能真实客观地反映其农地价值，农地价值评估机制需要设立专门的农村土地价值评估机构，如成都市青白江区就通过引进成都青江东兴土地评估咨询有限公司为农村土行评估，因此平罗也需要引进有资质和评估能力的中介组织，取代现有的完全由政府主导的土地价值评估体系，通过第三方农村土地价值评估机构更加准确无误地反映出土地价值，同时由于土地产权评估的特殊性使得评估人员必须具有较高的专业素质、完善的知识结构和良好的职业道德，另外还需要通过严格的资格认证制度以及年审制度来保证专业评估人员的综合素质建设。

8.3　加大农村土地产权风险防范力度

8.3.1　多渠道推进农业保险，完善农业保险机制

农业保险作为农业生产过程中对遭受自然灾害和意外事故造成经济损失所提供的一种保险，是国家支持农业发展的重要手段，有利于降低农业信贷风险，从而有利于农地抵押业务的开展。金融机构会更加倾向于向参加农业保险的农户发放农地抵押贷款，当农户由于各种自然灾害遭受损失时，农户会通过保险公司的保险金获得补偿，金融机构也会减少贷款损失。当地农户由于生产经营规模较小，对农业保险的保障作用认识不深刻导致参加农业保险的农户较少，因此需加大农业保障制度的推广力度。《国务院关于农业保险改革发展的若干意见》中指出要逐步建立政策性农业保险与财政补助相结合的农业风险防范与求助机制，探索中央和地方财政对农户投保给予补贴的方式、品种和比例，对保险公司经营的政策性农业保险适当给予经营管理费补贴，逐步建立农业保险发展的长效机制。完善多层次的农业巨灾风险转移分担机制，探索建立中央、地方财政支持下的农业再保险体系，探索发展相互制、合作制等多种形式的农业保险组织，并鼓励龙头企业资助农户参与农业保险，支持农业保险公司开办特色农业和其他涉农保险业务，提高农业保险服务水平。通过多渠道推进农业

保险，完善农业保险机制将是防范农地抵押融资风险的重要手段。

8.3.2 多种融资形式组合分散农地融资风险

农村土地产权抵押融资模式试点中绝大多数都建立了财政性信贷风险分担机制，由政府和主办金融机构各自承担部分农地融资业务风险，其中政府占据了绝大多数比例，这使得财政资金在风险分担机制中发挥积极作用，填补财政资金在农村信贷市场上的空白局面。财政资金分担信贷风险有利于培育农地抵押融资市场，但也产生了一系列不良影响，比如金融机构与政府进行博弈，希望尽量扩大政府承担融资风险的比例，这样金融机构不再处于风险管理中的主体地位，它们也不会关注贷款农户，从而形成对政府依赖惯性，另外政府承担较大比例的风险损失还会引发贷款农户的逆向选择和道德风险问题。这就需要政府把握好财政资金介入的时间长度和保障力度，政府财政资金承担信贷风险只能适用于试点运行前期阶段，随着农地抵押融资市场的成熟而逐渐弱化直到全部退出，达到完善风险分担机制的目的。针对目前已有现象，鼓励农村土地产权抵押融资与担保、保证、信用和保险相结合，通过“产权抵押 + 农户信用”、“产权抵押 + 合作社保证”、“产权抵押 + 担保公司”等多种形式组合，建立多层次的风险防范与保障机制，达到分散和转移金融机构赎回农地权利的风险，增强农户信贷偿还能力，与政府财政风险基金共同承担农地融资风险。

8.3.3 加强机构人员培训，降低农地资金风险

银行作为高风险职能机构，从业人员尤其是高级管理人员的政治素质和业务素质直接决定着金融机构的经营风险和道德风险。为了有效防范农地抵押融资风险，相关人员需要把握以下三个环节：首先，落实贷前管理工作，即对农地金融抵押贷款中涉及到的土地信息进行详细彻底的清查，包括农地的归属以及有无农地权属的争议等。在信贷发放之前要准确评估地价，审查是否存在虚假评估土地资产的情况，进而对该笔农地抵押贷款进行可行性研究；其次，在贷款发放时，依法办理土地使用权抵押登记手续，贷款合同以及土地使用权证书等都要合规合法，以免产生不必要的纠纷；最后，贷款发放以后，要对资金去向进行跟踪监控，实行动态贷后管理，以保证款项切实符合资金用途，若是发现资金用于其他生产，金融机

构可以采取各种措施进行制止，如提醒或者是令其提前还贷等。将农地金融贷前审查、贷中管理、贷后监督有机结合起来，把信贷风险控制在最低限度内，从而达到防范农地金融信贷风险的目的。

8.3.4　加强农村金融生态环境建设

信息不对称引起的“逆向选择”和“道德风险”是制约农村金融市场发展的突出问题，作为现代农村发展的基石，农村金融生态环境的建设至关重要，这是农村土地产权抵押融资业务顺利开展的基础。长期以来对农户和乡镇企业的信用评级缺乏合理的考核体系，导致对其信用评级工作无从开展，中国人民银行应当依托金融机构和村集体组织力量，探索符合农村经济状况的信用评价体系，为农村经济需求主体（农户和农村企业）建立信用档案。逐步建立统一覆盖广大农村的征信体系，通过征信体系建设，金融机构能够快速地了解申请对象的征信状况，既为那些信用记录良好的农户贷款提供了便利，为广大农户积累更多的信誉财富，也可以为其自身机构发放农地抵押贷款风险防范降低难度，将农村信用体系建设同农村抵押品创新结合起来，促进农地金融活动的健康可持续发展。同时通过与基层组织土地信用社合作，选取集体内有威望的人担任合作社负责人，利用合作社为农户提供融资担保的渠道，同时也是通过较小范围的集体环境培育农户的信用意识。

在农村土地产权抵押融资的日常工作中，当地金融机构还需充分利用自身人缘、地缘优势不断开展征信知识宣传活动，加大农村地区信用与相关金融知识的宣传广度和深度。例如平罗地区属于少数民族聚集区，信仰伊斯兰教，共同的宗教信仰降低了主体间的交易成本，群体内部成员也容易产生较高的信任度，它可以被视为一种信用机制或担保机制，在某种程度上提高农户的信用意识，同时还能够降低金融机构的投资风险。当地可以清真寺为据点建立金融知识宣传站，或者通过电视、广播和报纸等传媒渠道进行宣传，通过对政府工作人员和村民代表进行培训，利用他们接受征信知识快、贴近农户的特点，加大对征信知识宣传。加大对破坏信用行为惩罚和信用行为的奖励力度：对于恶意不归还贷款的农户，应采取严厉措施，加大处罚力度，同时纳入征信记录当中，使违规农户的机会主义行为成本大于收益；对于按时归还贷款的农户，要建立守信的激励机制，通过信用等级制度让他们在贷款发放、信贷额度方面享受到差别的服务和待遇，使守信用的人切实享受到好处，让他们真正感觉到守信多助、失信寡助的道理。通过不断打造“信用乡”、“信用镇”，并有效利用“信用乡镇”的辐射作用进行信用宣传教育，让农户把守信用当作一种资信证明、一种无形资产，从而不断增强农村经济需求主体的信用意识，优化农村金融生态环境。

8.4 培育和规范农村产权流转市场

农地抵押融资的顺利推进必须以完善的农地流转市场为前提，能否培育出有活力、有效率的农地流转市场直接关系着农地抵押业务的成败，完善的农地流转市场能使农地充分发挥其经济价值，这样作为抵押品才能被金融机构所接受，安全的农地产权是促进农业投资增长从而实现农业可持续发展的保障，若农地产权不可转让，农地资源配置效率就得不到改善，完善的土地流转市场需要从农地产权和农地流转服务平台覆盖面两个方面加以考虑。只有这样当政府设立的风险基金在完成初期的引导之责后才可能逐步退出融资体系，从而推动农地金融活动向市场化主导转变。

农村土地承包经营权能否成为有效抵押物取决于其是否有保障、明确界定且容易转让，研究表明精确记录且可转让的产权和低成本交易的制度安排常常能对金融市场的发展作出重要贡献。长期以来广大农村地区土地产权制度的不清晰、不稳定造成了产权主体虚置和缺失等问题，引发了众多产权纠纷案件，使得土地市场不能有效支持农村金融市场的发展。当前国家通过颁布相关文件指出要大力推进农村集体产权制度改革，通过探索农村集体所有制有效实现形式，创新农村集体经济运行机制，抓紧土地承包经营权确权登记颁证的工作。明晰农地产权能够稳定农业经营者的投资预期，从而增加他们对农业的投入，通过发挥规模经营优势，使得农业现代化水平和农业效率提高，同时还能够有效约束农户出现的短期生产行为，保护农地质量、实现农业的可持续发展。不同的产权制度安排具有不同的激励作用，进而导致不同的资源配置效率，明晰的农地产权能够有效发挥市场机制作用，有利于土地资源的有效配置。另外就是需进一步扩大现有农村土地流转服务机构覆盖面，在市、县、乡三级全面建立农地流转服务平台和信息网络，对于尚未建立流转服务机构的乡镇和行政村要尽快实现机构和人员的全覆盖，并鼓励市场化流转中介机构的发展，形成较为完整的土地承包经营权流转信息搜集、整理和发布一体化体系，为流转双方提供高效便捷的信息发布、价格评估、合同签订、档案管理服务。

8.5　健全农村社会保障制度，推进农业产业化经营

长期形成的二元经济结构和城乡户籍制度使得城乡的社会保障差异很大，农村社会保障制度供给严重不足。农村土地对广大农户具有经济收入和社会保障双重功能，许多农户依然将土地作为基本生活依靠，当地通过限制农地抵押比例等措施来降低农户失地风险，从而降低了农地的抵押价值，最终的结果是只有那些经营土地规模达到一定门槛的主体才能成为潜在的有效需求者。即使农户获得农地贷款，但由于经营失败而不能按期偿还贷款失去土地时，就失去经济收入和社会保障功能，这时他们就有可能向非农产业和部门转移，而目前农户向非农产业转移还存在障碍，这样就会挫伤农户参与农地抵押融资的积极性，从而不利于农地抵押业务的普及与推广。城乡二元户籍制度是导致农户在就业、教育、住房和医疗等方面不平等待遇的根源，这就迫使农户将农地视为生存之本，即使敷衍了事的耕种甚至干脆弃耕，抛荒，农户也不愿意放弃对农地的使用权，因此农地抵押融资能带来正向信贷供给效应需要一定的前提条件，它受到社会保障体系完善程度因素的影响。为了排除这一因素的阻碍，就必须建立城乡一体化社会保障体系建设制度，从而真正解决农户的后顾之忧，通过城镇规划引领作用，加快提升农村基础设施水平，推进城乡基本公共服务均等化。

为了减少农户向非农产业转移的障碍，让留在农村的农户享有更多的土地资源和发展空间，首先要建立就业扶持机制、对参加职业技能培训、创办小微企业的农户在培训费、税收等方面给予补贴和扶持，加快农村剩余劳动力转移就业，使流出土地的农民得到长期而稳定的生活保障；其次完善农村居民向城市居民转变的土地、户籍、住房、就业等政策，建立进城农民土地保障机制，让进城落户农户继续保留农村集体土地承包经营权和宅基地使用权，可通过转包、转租、入股等方式依法自愿有偿流转，任何单位和个人不得强制收回和流转农民土地；最后应该努力消除城乡社会保障的差别，以保障农民基本生活为目的，采取有力措施加快步伐，尽快

建立起多层次的农村社会保障体系，如农村养老保险制度、医疗保险制度和最低生活保障制度，农村社会保障服务网络建设应相互配套，社会基本保障与家庭保障、集体或企业补充保障相互结合，虽然当地政府已经将农村人均收入低于683元纳入最低生活保障范围，但与城镇最低生活保障范围相比还存在相当的差距。通过城乡一体化社会保障体系建设，消除非农产业转移的障碍，能够起到分担农地金融制度的社会风险的作用，充分发挥农地价值最大化，实现农村土地资源的优化配置，促进农村社会经济的全面发展。

农地产品大多属初级农产品，增值潜力较小，在当前农产品普遍过剩的情况下，价值实现的难度也很大，农地抵押融资因此难以得到持续强化的动力，另外农村劳动力素质普遍偏低的状况是影响农村劳动力就业竞争力的主要因素，对于拥有较少农业生产资料的农户来说，失去赖以生存的土地会导致极其昂贵的社会成本。当地应当建立农业经营主体准入、监管、考评、扶持、退出机制，通过大力发展家庭农场、专业大户、农民专业合作社和农业产业化龙头企业促进农业产业化经营，积极培育发展主体多元化、形式多样化的农业科技报务超市、农资连锁经营、农民用水协会、农机合作社等社会化服务组织，拓展信息技术、农资配送、统防统治、农机作业等服务功能，加快农业生产方式由分散经营向集约经营转变。其次通过制定新型职业农民认定标准、培养办法、扶持政策，大力培养新型职业农民，使之成为现代农业的生力军。当地政府应当按照农业产业化经营的要求，充分调动社会专业的农业技能人才的积极性，确定培训内容和时间，对农户定期组织专业的技能培训，培育一批掌握现代农业生产技术的新型农业主体，发展大规模现代农业生产经营，增加农户收入。发挥当地优势，通过发展农业产业化经营，培育新型农业主体，不但可以提高农产品增值潜力，实现项目收益，而且给当地富余农业劳动力提供了就业岗位，从而为土地社会保障功能弱化提供了一定条件。农业产业化经营会使部分土地集中到少数经营大户手中，这对农业保险制度的推广奠定现实基础，同时农业保险制度的推广又会反过来促进农地抵押贷款的发展。因此推广农业保险是保障土地抵押贷款安全性的必要措施，可以降低农业生产风险，最大限度地减少农业带来的损失。

8.6　引导相关机构进入农地金融市场，降低政府组织成本

当地农村土地产权抵押融资模式属于政府主导型，前文分析中也发现在农村土地产权抵押融资模式制度的设立、相关机构的配置、业务的开展、抵押品的处置以及最后坏账的弥补等方面，政府从各个环节都有着不同程度的介入，这对于还处于探索起步阶段的农地金融市场有着明显的激励作用，但是政府多环节的介入也对地方财政的实力提出了较高的要求，增加了模式运行的组织成本。同时随着农地抵押业务的进一步开展，一方面政府需要投入更多的财政资金，到时会面临着适时退出难题；另一方面政府多环节介入也不利于农地金融业务市场化的发展，因此政府主导模式的可持续性较差。当地政府需要引导相关机构进入农地金融市场，借助已有机构的力量缓减政府组织成本，同时通过已有机构的市场化运作也更加有利于农地抵押业务的开展。如在农地抵押风险防范方面应鼓励保险公司参与到农地抵押业务风险担保中，通过保险公司的介入可以有效降低当前政府主导型绝大多数依靠政府财政资金承担农地抵押业务风险的压力，将违约风险内部消化通过保险公司转化为外部化解，同时金融机构有了更多风险化解渠道，也有利于其更好地开展农地抵押业务。另外农村土地产权抵押业务顺利推广依赖于良好的农地流转市场，但往往开展农地抵押业务的试点地区经济发展情况比较落后，农地流转市场都还处于培育过程中，仅仅依靠政府的行政组织力量只能起着治标不治本的作用，这就需要借助于当地的土地信用合作社，通过该基层组织功能，不仅可以发挥土地流转交易平台和信息搜集中介组织的作用，同时也有利于节约金融机构开展农地抵押业务成本。通过引入土地信用合作社和担保公司等相关机构，政府各环节介入的力度就会减弱，由政府主导的模式转化为政府和市场共同主导的模式不但降低了当地政府的组织成本，而且充分发挥了现有机构的作用，更加有利于农村土地产权抵押融资模式的试点推广。

8.7　本章小结

为了实现宁夏平罗农村土地产权抵押融资模式优化的目标，本章提出了促进农村土地产权抵押相关法律法规修订和改革；引入第三方农村土地

产权价值评估机构；加大农村土地产权抵押风险防范力度；培育和规范农村产权流转市场；健全农村社会保障制度，推进农业产业化经营和引导相关机构进入农地金融市场，降低政府组织成本相关政策建议与对策。

第九章　结束语

本书是教育部2011 年度“长江学者和创新团队发展计划”创新团队项目“西部地区农村金融市场配置效率、供求均衡与产权抵押融资模式研究”（No. IRT1176）、国家自然科学基金面上项目“农村土地承包经营权抵押融资试点效果评价、运作模式与支持政策研究”（71573210）、西北农林科技大学基本科研业务费—人文社科项目“农村土地承包经营权抵押担保融资效果评价、运作模式与支持政策研究”（2014RWZD01）等课题的阶段性研究成果。选取宁夏平罗农村土地产权抵押融资模式为研究对象，分析当前融资模式的运行现状、特征及其所存在的问题，通过相关实地调研数据从农地金融市场供求两大主体（农户和金融机构）角度进行相关实证分析，从而对当地的农村土地产权抵押融资模式运行效果进行评价，针对已有问题，在考察国内外农地融资经验的基础上，对当地的融资模式提出进一步的优化方案，并针对模式优化方案外部环境提出相关政策建议。研究结论如下：

第一，宁夏平罗农村土地产权抵押融资模式具有典型的政府主导型特征，当地具备较好的区位优势，城镇化进程以及政策的大力扶持使得农村土地产权抵押业务能够顺利开展。通过对该模式现状分析发现，其具有政府主导、以经营权为标的物的农村土地产权抵押贷款并初步建立农地流转平台和农村土地产权抵押风险防范基金等特点。但是，在融资模式试点过程中仍然存在受到法律约束、缺乏第三方土地产权价值评估机构、农村土地产权风险分散机制不健全、农村产权流转市场不完善、农地抵押变现困难、金融机构业务办理成本高和政府多环节介入、组织成本较大等问题。

第二，对于农村土地产权抵押融资市场需求农户而言，受访农户中有386 户（77.04%）对农地抵押表示有意愿，其中参与意愿随着农户兼业程度的增加而提高。通过构建相关指标体系，运用 Logit 模型对受访农户的参与意愿进行实证分析发现年龄、文化程度、离农率、土地面积等变量均显著影响农户参与农地抵押融资意愿。在有参与意愿的 386 户农户的基础上最终有 168 户获得了农地抵押贷款，获得农地抵押贷款概率随着农户兼业程度增加而增加，根据美国顾客满意度指数模型（ACSI）将参与农户的满意度影响因素具体划分为农地抵押质量感知、农地抵押服务感知和农地抵押价值感知三个维度，运用 O－Logit 模型研究发现抵押资金用途限制、还款方式、还款期限、办理流程、评估价值、资金满足程度和资金解决困难对参与农户满意度评价影响显著。

第三，对于农村土地产权抵押融资市场供给方金融机构而言，当地总共有 7 家金融机构开展农村土地产权抵押融资业务，自 2012 年底试点以来，无论是贷款笔数还是贷款规模都呈现出较大幅度增长，农村商业银行占据 90% 以上的市场份额。通过对主办金融机构辖区内 20 个营业网点开展农地抵押融资业务的数据分析，其收入占比最高为 14.40%，最低仅为 0.035%。运用数据包络分析法（DEA）对其经营效率分析发现，2013 年的经营效率平均值为 0.965，而 2014 年的经营效率平均值为 0.682，农地抵押融资业务经营效率的降低一方面是由其收入占比较低引起，另一方面则是因为当地政府为了更好地服务“三农”，对农户办理农地抵押业务实施了大量优惠政策，更多地向农户方面倾斜，对于追求利润的金融机构有着一定影响。针对影响金融机构信贷人员的影响因素，构建相关指标体系，运用 Logit 模型实证分析发现贷款对象的家庭收入、贷款记录、土地规模、土地确权和风险补偿帮助程度以及土地处置难易程度均对金融机构参与农地抵押供给意愿有显著影响。

第四，对于农村土地产权抵押融资模式运行效果，由于农村土地产权抵押融资业务是为了缓解农户融资难、担保难和抵押难而进行的农村创新金融业务，它的运行效果应从农户的融资满足程度方面进行判断。分析发现融资可得性随着农户兼业程度增加而递增，但是足额融资的农户却随着农户兼业程度增加而递减。通过 Heckman 三阶段模型测算农户融资的满足程度，从农户角度将划分为是否申请农户两类，再从金融机构角度将申请农户划分为是否发放贷款两类，发现当地农户融资潜在需求均值为 63 172.9元，实际获得融资均值是 43 064.52 元，表明农村土地产权抵押融资能够满足当地农户 68.17% 的融资需求，作用效果明显。

第五，针对当地农村土地产权抵押融资模式中所存在的相关问题，提出融资模式优化应遵循坚持农村土地“三权”分离、因地制宜、农地资金用途管理和以市场主体为主、政府支持为辅原则，在该原则的基础上提出了“政府＋市场”农地抵押融资模式构想目标，并从建立科学农村土地产权价值评估体系、完善农村土地产权抵押融资业务、建立农村土地金融市场良性竞争格局、改进农村土地产权风险基金补偿管理和分散方法以及加大与农村基层组织合作力度方面提出具体的优化方案，同时给出应当促进农村土地产权抵押相关法律法规修订和改革、引入第三方农村土地产权价值评估机构、加大农村土地产权风险防范力度、培育和规范农村产权流转市场、健全农村社会保障制度、推进农业产业化经营和引导相关机构进入农地金融市场、降低政府组织成本相关政策建议。

本研究尽管采用了大量的实地调研数据，但由于时间和精力有限，本书也存在一定的不足。特别是在对当地农村土地产权抵押融资模式优化中，通过对实地调查情况和相关资料梳理所拟提出的模式，能否在实际中得以推广还有待进一步商榷，另外在实证分析过程中衡量指标的代表性也有待进一步考证，可能会影响到分析结果的精确性，这都有待于在以后的研究中加以改进和加强。

参考文献

［1］迟国泰，杨德，吴珊珊．基于 DEA 方法的中国商业银行综合效率的研究［J］．中国管理科学，2006，14（5）：52－61.

［2］褚保金，张兰，王娟．中国农村信用社运行效率及其影响因素分析——以苏北地区为例［J］．中国农村观察，2007，1：11－22.

［3］陈晓红．经济发达地区农户兼业及其因素分析［J］．经济与管理研究，2006，10：90－94.

［4］陈锡文．当前农业与农村经济形势与“三农”面临的挑战［J］．中国农村经济，2010，1：4－9.

［5］陈家泽．土地资本化的资本障碍与改革路径［J］．财经科学，2008，3：99－107.

［6］陈建新．三种农户信贷技术的绩效比较研究［J］．金融研究，2008，6：144－157.

［7］陈小君等．农地流转与农地产权的法律问题——来自全国 4 省 8 县（市、区）的调查报告［J］．华中师范大学学报（人文社会科学版），2010，2：3－10.

［8］陈臻．土地使用权抵押贷款风险分析［J］．中国土地科学，2010，2：64－67.

［9］陈柏峰．地流转对农民阶层分化的影响——基于湖北省京山县调研的分析［J］．中国农村观察，2009，4：57－64.

［10］陈志扬等．打好“创新牌”，走活“支农路”——福建省三明市农村信用社信贷业务创新的做法与成效［J/OL］．www. zgncjr. com. cn.

［11］程郁，张云华，王宾．农村土地产权抵质押：理论争论、现实困境和改革路径［J］．金融监管研究，2014，10：10－27.

［12］程啸．物权法·担保物权［M］．北京：中国法制出版社，2005.

［13］程宗璋．关于农村土地承包经营权继承的若干问题［J］．中国

农村经济，2002，7：56－64.

［14］丁关良．农村土地承包经营权性质的探讨［J］．中国农村经济，1999，7：23.

［15］邓大才．农业制度变迁的基本特征分析及策略调整［J］．财经研究，2000，7：3－10.

［16］邓纲．我国农村产权抵押融资制度改革的问题与前景［J］．农业经济问题，2010，11：67－72.

［17］刁怀宏．信息不对称、风险规避与农地金融合约——基于农户与贷款者的分析［J］．中央财经大学学报，2005，9：40－45.

［18］段永瑞，孙丽琴，赵金实．基于数据包络分析的中国商业银行运作与服务质量效率评价［J］．中国管理科学，2013，11：15－19.

［19］房绍坤．用益物权基本问题研究［M］．北京：北京大学出版社，2006.

［20］傅先义，岳扬．从法律的角度考量农村土地承包经营权抵押贷款及其制度设计：天门实证［J］．武汉金融，2010，6：60－61.

［21］高充彦，贾建民，赵平．中国商业银行服务质量及其属性的比较分析［J］．南开管理评论，2006，4：9－13.

［22］高圣平，刘守英．《物权法》视野下的《土地管理法》修改［J］．中国土地科学，2008，7：8－9.

［23］高圣平，刘萍．农村金融制度中的信贷担保物：困境与出路［J］．金融研究，2009，2：64－72.

［24］高海．论农村土地承包经营权质押［J］．南京农业大学学报（社会科学版），2009，3：21－26.

［25］郭忠兴，汪险生，曲福田．产权管制下的农地抵押贷款机制设计研究——基于制度环境与治理结构的二层次分析［J］．管理世界，2014，9：48－57.

［26］郭继．土地承包经营权抵押的实践困境与现实出路［J］．法商研究，2010，5：31－32.

［27］郭骊，陈少强，孙艳丽．论建立中国特色农村土地银行［J］．中央财经大学学报，2010，4：36－41.

［28］韩俊．中国农村改革的重点领域及政策走向［J］．经济体制改

革，2009，1：5－11.

［29］何广文．从农村居民资金借贷行为看农村金融抑制与金融深化［J］．中国农村经济，1999，10：42－48.

［30］何明生，帅旭．融资约束下的农户信贷需求及其缺口研究［J］．金融研究，2008，7：66－79.

［31］赫尔南多·德·索托（De Soto）．资本的秘密［M］．南京：江苏人民出版社，2000.

［32］惠献波．农地经营权抵押贷款供需分析与效率评价研究［M］．沈阳：沈阳农业大学，2014，60－65.

［33］惠献波．农户土地承包经营权抵押贷款潜在需求及影响因素研究［J］．农业经济问题，2013，2：9－15.

［34］胡援成，肖德勇，肖永明．国有商业银行改革过程中的经营效率评价［J］．财贸经济，2006，6：10－16.

［35］胡士华，李伟毅．农村信贷融资中的担保约束及其解除［J］．农业经济问题，2006，2：68－71.

［36］胡竹枝，黄怡聪，区凯瑶．基于 DEA 模型的我国村镇银行效率的研究［J］．经济体制改革，2015，2：97－102.

［37］胡康生．中华人民共和国农村土地承包法释义［M］．北京：法律出版社，2002.

［38］黄祖辉，马晓青．农户信贷需求与融资偏好差异化选择比较研究［J］．南京农业大学学报（社会科学版），2010（1）：57－63.

［39］黄祖辉．中国农业企业汇率风险应对行为的实证研究——基于企业竞争力视角［J］．金融研究，2011，6：97－108.

［40］黄惠春，李静．农村抵押贷款创新产品的供给意愿：江苏例证［J］．改革，2013，9：132－137.

［41］黄惠春．农村土地承包经营权抵押贷款要得性分析——基于江苏试点地区的经验数据［J］．中国农村经济，2014，3：48－57.

［42］姜新旺．农地金融制度应该缓行［J］．农业经济问题，2007，6：11－14.

［43］靳聿轩，张雷刚等．农户农地抵押融资方式选择行为影响因素分析［J］．经济与管理研究，2012，7：75－83.

［44］金立印．服务质量构成要素对顾客满意影响力差异研究——现有顾客同潜在顾客间的比较［J］．商业经济与理，2006，173（3）：60－66.

［45］兰庆高，惠献波等．农村土地经营权抵押贷款意愿及影响因素素研究——基于农村信贷员的调查分析［J］．农业经济问题，2013，7：78－83.

［46］黎翠梅．农村土地承包经营权抵押贷款制度探讨［J］．软科学，2008，2：94－96.

［47］黎毅，罗剑朝，房启明等．不同模式下的农户土地抵押决策响应差异研究［J］．财贸研究，2014，6：38－44.

［48］黎毅，罗剑朝，曹瓅等．供给抑制下的不同类型农户信贷需求及其约束研究［J］．农村经济，2014，10：60－65.

［49］厉以宁．论城乡二元体制改革［J］．北京大学学报（哲学社会科学版），2008，2：1－5.

［50］李东，卢小磊，张万福等．农业产业化龙头企业农技服务活动的农户满意度测评［J］．农业技术经济，2011，8：89－95.

［51］李剑，黄蕾等．基于Logistic模型下农民专业合作经济组织社员退出意愿的影响因素分析［J］．农业技术经济，2012，7：111－118.

［52］李显冬，吴蓓．从“重归属”到“重利用”——30年土地法律制度的巨大变革［J］．中国土地科学，2008，12：25－32.

［53］李双杰，宋秋文．我国商业银行战略引资的效用研究［J］．数量经济技术经济研究，2010，9：53－66.

［54］李延敏，罗剑朝．国外农地金融制度的比较及启示［J］．财经问题研究，2005，2：84－88.

［55］李伟伟，张云华．土地承包经营权抵押标的及其贷款操作：11省（区、市）个案［J］．改革，2011，12：76－84.

［56］李韬，罗剑朝．农户土地承包经营权的抵押贷款行为响应［J］．管理世界，2015，7：54－70.

［57］梁慧星．国物权法草案建议稿：条文、说明、理由与参考立法例［M］．北京：社会科学文献出版社，2000.

［58］林乐芬，王军．农村金融开展农村土地金融的意愿及影响因素

分析［J］. 农业经济问题，2011，12：60－65.

［59］刘西川，黄祖辉，程恩江. 贫困地区农户的正规信贷需求：直接识别与经验分析［J］. 金融研究，2009，4：36－51.

［60］刘云生. 永佃权之历史解读与现实表达［J］. 法商研究，2006，1：76－81.

［61］刘卫锋. 基于农户融资需求视角的农村金融制度创新研究［J］. 经济纵横，2009，2：93－95.

［62］刘方健. 土地改革是消除农村绝对贫困现象的重要途径［J］. 财经科学，2008，12：9－11.

［63］刘成玉. 中国土地产权制度特征及其效率分析［J］. 华东经济管理，2013，5：134－140.

［64］刘贵珍. 推行农村土地承包经营权抵押贷款的建议［J］. 青海金融，2009，1：29－31.

［65］刘婷婷等. 农户土地承包经营权抵押意愿及其影响因素分析——基于237个样本农户的调查［J］. 农村经济，2013，2：39－41.

［66］刘莉君. 农村土地流转模式的绩效比较研究［J］. 北京：中国经济出版社，2011.

［67］罗剑朝，杨婷怡. 农村产权抵押融资试验典型模式比较研究［J］. 农村金融研究，2014，6：10－17.

［68］罗剑朝，庸晖，庞玺成. 农地抵押融资运行模式国际比较及其启示［J］. 中国农村经济，2015，3：84－96.

［69］罗剑朝，聂强，张颖慧. 博弈与均衡——农地金融制度绩效分析［J］. 中国农村观察，2003，3：43－51.

［70］罗剑朝等. 中国农地金融制度研究［M］. 北京：中国农业出版社，2005.

［71］马浩青，俞凯. 对于农村土地承包经营权抵押的探讨［J］. 法制与社会，2011，51：249.

［72］马鹏举，罗剑朝. 西部地区农户对农村产权抵押贷款融资意愿研究［J］. 经济经纬，2013，3：20－25.

［73］孟勤国等. 中国农村土地流转问题研究［M］. 北京：法律出版社，2009.

[74] 乔海曙. 农村经济发展中的金融约束及其解除 [J]. 农业经济问题, 2001, 3: 19-23.

[75] 屈茂辉. 农村承包经营权改革问题探析 [J]. 农业经济问题, 1998, 3: 2-8.

[76] 邵传林, 霍丽. 农村土地银行的运作机理与政策测度 [J]. 改革, 2009, 7: 84-88.

[77] 邵传林. 农村土地信用合作社兴起的逻辑——来自宁夏平罗县的个案研究 [J]. 农业经济问题, 2010, 6: 69-74.

[78] 上静. 土地承包经营权抵押可行性分析 [J]. 西安电子科技大学学报, 2006, 4: 72-75.

[79] 施晓琳. 论以土地承包经营权抵押为特征的金融制度 [J]. 南京农业大学学报 (社会科学版), 2002, 2 (3): 20-25.

[80] 史卫民. 土地承包经营权抵押制度探析 [J]. 经济体制改革, 2009, 5: 96-99.

[81] 田雅静. 平罗县金融机构农村土地产权抵押融资业务发展研究 [M]. 宁夏: 宁夏大学出版社, 2014.

[82] 童馨乐, 褚保金, 杨向阳. 社会资本对农户借贷行为影响的实证研究 [J]. 金融研究, 2011, 11: 177-191.

[83] 王永舵. 农村土地信用合作社的实践与启示——以宁夏平罗县为例 [J]. 海南金融, 2013, 1: 82-85.

[84] 王进富, 张道宏, 刘西民. 国有商业银行顾客满意度研究 [J]. 华东经济管理, 2005, 19 (7): 88-92.

[85] 王海忠, 于春玲, 赵平. 银行服务质量与顾客满意度的关系 [J]. 中山大学学报 (社会科学版), 2006, 46 (204): 107-113.

[86] 王定祥, 田庆刚, 李伶俐等. 贫困型农户信贷需求与信贷行为实证研究 [J]. 金融研究, 2011, 5: 124-138.

[87] 王铁. 建立农村土地银行的战略构想 [J]. 管理世界, 2008, 11: 176-177.

[88] 王卫国, 王广华. 中国土地权利的法制建设 [M]. 北京: 中国政法大学出版社, 2002.

[89] 王宗非. 农村土地承包法释义与适用 [M]. 北京: 人民法院出

版社，2002.

［90］王兴稳，纪月清．农地产权、农地价值与农地抵押融资——基于农村信贷员的调查研究［J］．南京农业大学学报（社会科学版），2007，7：71－75.

［91］王选庆．中国农地金融制度管理创新研究［J］．中国农村观察，2003，3：25－34＋80.

［92］魏煜，王丽．中国商业银行效率研究：一种非参数的分析［J］．金融研究，2000，3：88－96.

［93］魏振瀛．民法［M］．北京：北京大学出版社，2002.

［94］吴文杰．论农村土地金融制度的建立与发展［J］．农业经济问题，1997，3：34－39.

［95］吴玉锋，吴中宇．村域社会资本、互动与新农保参保行为研究［J］．人口与经济，2011，2：62－68.

［96］吴明隆．问卷统计分析实务——SPSS 操作与应用［M］．重庆：重庆大学出版社，2010.

［97］伍振军，张云华，孔祥智．土地经营权抵押解决贷款问题运行机制探析［J］．农业经济与管理，2011，1：9－15.

［98］肖诗顺．农村金融机构农户贷款模式研究［J］．农业经济问题，2010，4：14－18.

［99］谢勇．基于人力资本和社会资本视角的农民工就业情况研究［J］．中国农村观察，2009，5：49－55＋96.

［100］姚宗华，海涛．金融支持农村土地流转路径探讨——基于宁夏平罗地区农村土地改革与实践［J］．西部金融，2014，12：88－90.

［101］杨大强，张爱武．1996—2005 年中国商业银行的效率评价——基于成本效率和利润效率的实证分析［J］．金融研究，2007，12：102－112.

［102］杨希，罗剑朝．西部地区农村土地产权抵押融资政策效果评价［J］．西北农林科技大学学报（社会科学版），2015，1：95－100.

［103］杨婷怡，罗剑朝．农户参与农村产权抵押融资意愿及其影响因素实证分析［J］．中国农村经济，2014，4：42－57.

［104］尹云松．论以农地使用权抵押为特征的农地金融制度［J］．中

国农村经济，1995，6：36－40.

［105］于研，孙磊．我国商业银行收益结构对经营效率的影响［J］．财贸研究，2010，2：99－109.

［106］于丽红，陈晋丽等．农户农村土地经营权抵押融资需求意愿分析［J］．农业经济问题，2014，3：25－31.

［107］朱守银，张照新，张海阳等．中国农村金融市场的供给和需求——以传统农区为例［J］．管理世界，2003，3：88－95.

［108］朱仁友．中国农地价格探析［M］．成都：四川大学出版社，2002，15－16.

［109］朱英刚，王吉献．开展土地金融的调查与分析［J］．农业发展与金融，2009，11：13－17.

［110］朱道林，王健，林瑞瑞．中国农村土地制度改革探讨——中国土地政策与法律研究圆桌论坛观点综述［J］．中国土地科学，2014，28（9）：90－94.

［111］朱民，尉安宁，刘守英．家庭责任制下的土地制度和土地投资［J］．经济研究，1997，10：12－19.

［112］钟甫宁，纪月清．土地产权、非农就业机会与农户生产投资［J］．经济研究，2009，12：43－51.

［113］钟远平．我国农村土地信托的法理基础及制度构建——以土地承包经营权为中心［M］．北京：中国政法大学，2007，25－27.

［114］张健华．我国商业银行效率研究的DEA方法及1997—2001年效率的实证分析［J］．金融研究，2003，3：11－25.

［115］张金清，吴有红．外资银行进行水平影响商业银行效率的“阈值效应”分析——来自中国商业银行的经验证据［J］．金融研究，2010，6：60－74.

［116］张振海，茹少峰．陕西省金融支农效率评价及影响因素分析［J］．农业技术经济，2011，7：82－88.

［117］张忠明，钱文荣．不同兼业程度下的农户土地流转意愿研究——基于浙江的调查与实证［J］．农业经济问题，2014，3：19－24.

［118］张松洁，田昆．我国商业银行储蓄业务顾客满意度分析［J］．金融论坛，2003，3：39－43.

［119］张合林，郝寿义．城乡统一土地市场制度创新及政策建议［J］．中国软科学，2007，2：28－40.

［120］张笑寒．美国早期农地金融制度及其经验启示［J］．农村经济，2007，4：126－129.

［121］张文律．农村产权抵押融资的制度经济学分析［J］．西北农林科技大学学报（社会科学版），2012，4：8－12.

［122］张龙耀，褚保金．农村资产抵押化的前提与绩效：宁波样本［J］．改革，2010，11：86－90.

［123］张红宇，刘玫，王晖．农村土地制度变迁：阶段性、多样性与政策调整［J］．农业经济问题，2002，2：12－20.

［124］赵智，夏建国，张莉等．农用地抵押制度建设研究［J］．中国土地科学，2010，6：45－49＋73.

［125］曾庆芬．产权改革背景下农村居民产权融资意愿的实证研究［J］．中央财经大学学报，2010，11：63－68.

［126］曾庆芬．土地承包经营权流转新趋势下农地金融问题研究［M］．北京：中国农业出版社，2011.

［127］曾俭华．国际化经营对中国商业银行效率的影响研究［J］．国际金融研究，2011，1：76－82.

［128］Berger，A. N. and Humphrey，D. B.（1997）．“Efficiency of Financial Institutions：International Survey and Direction for Future Research”，European Journal of Operational Research，98：175－212.

［129］Bester，H.（1987）．The role of collateral in credit markets with imperfect information. European Economic Review，31（4），887－899.

［130］Basley，T.（1995）：Property Rights and Investment Incentives：Theory and Evidence from China，Journal of Political Economy，103（5）：903－937.

［131］Besley&Ghatak.（2008）．Creating Collateral：The de Soto Effect and the Political Economy of Legal Reform.

［132］Bielski，L.（2004）．Are You Giving Your Customers the Right Experience? ABA Banking Journal，96（4），29－33.

［133］Boucher，S. R.，Barham，B. L.，& Carter，M. R.（2005）．

The impact of "market - friendly" reforms on credit and land markets in Honduras and Nicaragua. World Development, 33 (1), 107 - 128.

[134] Carter, M. R., & Olinto, P. (2003). Getting institutions "right" for whom? Credit constraints and the impact of property rights on the quantity and composition of investment. American Journal of Agricultural Economics, 85 (1), 173 - 186.

[135] Conning, J., & Udry, C. (2005). Rural financial markets in developing countries. Handbook of agricultural economics, 3, 2857 - 2908.

[136] Christen, R. P., & Pearce, D. (2005). Managing risks and designing products for agricultural microfinance: Features of an emerging model. Consultative group to assist the poorest (CGAP). 1 (3): 1 - 86.

[137] De Soto, H. (2000). The mystery of capital: why captitalism triumphs in the west and fails everywhere else. Archives of Environmental Health An International Journal, 61 (100), 455 - 456.

[138] Deininger, K. W. (2003). Land policies for growth and poverty reduction. World Bank Publications. 10: 77 - 82.

[139] Deininger, K., & Binswanger, H. (1999). The evolution of the World Bank's land policy: principles, experience, and future challenges. The World Bank Research Observer, 14 (2), 247 - 276.

[140] Eriksson, K., & Mattsson, J. (1996). Organising for market segmentation in banking: The impact from production technology and coherent bank norms. Service Industries Journal, 16 (1): 35 - 45.

[141] Feder, G. (1988). Land policies and farm productivity in Thailand. Johns Hopkins University Press. 6: 76 - 82.

[142] Field, E., & Torero, M. (2006). Do property titles increase credit access among the urban poor? Evidence from a nationwide titling program. Department of Economics, Harvard University, Cambridge, MA. 6: 125 - 132.

[143] Howard, J. A., &Sheth, J. N. (1969). The theory of buyer behavior. New York: Wiley. 11 (1): 1 - 17.

[144] Hui, C., Lam, S. S., & Schaubroeck, J. (2001). Can good cit-

izens lead the way in providing quality service? A field quasi experiment. Academy of Management Journal, 44 (5), 988 – 995.

[145] Kloter, P. (1967). MarketingManagement: AnalysisPlanning, andControl. Prentice – Hall, Incorporated. 6: 22 – 42.

[146] Lien – Ti Bei&Yu – Chungh Chiao. (2006). the Entertainments of Customer Loyalty: An Analysis of Intangibile Factors in Three Service Industries, International Journal of Commerce & Management. 16 (3): 162 – 177.

[147] López, R. (1996). Land titles and farm productivity in Honduras. Land Tenure Insecurity and Farm Productivity in Latin America: The Case of Honduras and Paraguay. 82 – 102.

[148] Manrai, Lalita A. & Ajay K. (2007). Journal of Retailing and Consumer Services. 14 (3): 208 – 215.

[149] McKinnon R I. (1973). Money and capital in economic development. Washington D. C: Brookings Institution Press.

[150] Nelson, P. (1970). Information and consumer behavior. The Journal of Political Economy, 311 – 329.

[151] Ostrom, A., & Iacobucci, D. (1995). Consumer trade – offs and the evaluation of services. The Journal of Marketing, 59: 17 – 28.

[152] Prabhakaran, S., &Satya, S. (2003). An Insight Into Service Attributes in Banking Sector. Journal of Services Research, 3 (1): 157 – 170.

[153] Pender, J. L. &Kerr, J. M. (1999), The effect of land sales restrictions: Evidence from South India. Agricultural Economics 21 (3): 279 – 294.

[154] Raleign, Barlowe, (1986), Land Resource Economics: the Economics of Red Estate, Englewood Cliffs, N. J., Prentice – Hall.

[155] Reynierse, James H.; Cady, Joseph H.; Soukup, William R. (2003). In search of a strategic roadmap. ABA Banking Journal, 2: 63 – 66.

[156] Tse, D. K., & Wilton, P. C. (1988). Models of consumer satisfaction formation: An extension. Journal of marketing research, 204 – 212.

[157] Wegren, S. K. (2003). Why rural Russians participate in the land market: factors socio – economic. Post – Communist Economies, 15 (4),

483 - 501.

[158] Whette, H. C. (1983). Collateral in credit rationing in markets with imperfect information: Note. The American Economic Review, 442 - 445.

[159] Zhang, Q. F.; Ma, Q and Xu, X.: Development of Land Rental Markets in Rural Zhejiang: Growth of Off - Farm Jobs and Institution Building, China Quarterly, 180: 1050 - 1072, 2004.

后　记

本专著是在我的博士学位论文基础上修改完成的，并得到教育部2011年度“长江学者和创新团队发展计划”创新团队项目“西部地区农村金融市场配置效率、供求均衡与产权抵押融资模式研究”（No. IRT1176）资助得以正式出版。

人生天地之间，若白驹过隙，忽然而已。求学二十余载，当在电脑前敲下最后一键时，自己的内心并没有当初幻想的那样欣喜若狂，相反变得格外冷静。自2012年9月进入西北农林科技大学经管学院，有幸成为罗剑朝教授的一名门生，如今博士生涯已接近尾声。在这期间，有过欢笑，有过悲伤，有过坚定，也有过迷茫，但庆幸的是自己始终在路上倔强奔跑，在这里向帮助我的人诚挚地说声：“谢谢！”

首先，要感谢我的导师罗剑朝教授，恩师的谦恭厚德、博学笃行、性情豪爽而关怀细腻、利物不争而胸怀大义的品格将是我以后人生道路上的恪守准则。由于我属于跨专业学生，最初对农村金融领域完全不了解，恩师不认为我愚钝，反而总是耐心传授，每次论文总是被恩师无微不至地修改、润色，这时常让我感受到恩师的博学与勤恳。恩师身体力行，不论假期与否，总是会待在办公室潜心做学术研究，以至于什么时候总能去办公室找到他，也许恩师的那句“等待+坚持=成功”正是其真实写照。如今在向恩师递交最后一份答卷之际，衷心地说一声：“老师，辛苦了！”在今后的道路上，我会谨记教诲，用实际行动回报恩师的辛勤付出。

其次，要感谢史清华教授、赵敏娟教授、陆迁教授、郑少锋教授、朱玉春教授、王礼力教授、王征兵教授、李世平教授等人，通过聆听他们的学术汇报和课堂授业解惑，让我深刻感受到站巨人之肩才能立高见远，遇师众贤方知才本疏浅，还有白晓红、朱敏老师等，学业的顺利完成与他们的教导与帮助是密不可分的，在此也向他们表示衷心感谢！

我最亲爱的同门兄弟姐妹，纵自五湖四海，情却堪比手足，很庆幸与你们忝列罗门，你们的每一次帮助都让我莫名感动。每次酷暑调研，我们笑着冲淡辛苦；每次合作课题，我们常常会为学术问题争得面红耳赤。食堂、学习室、林荫道上都有我们在一起的痕迹，而这些我也将铭记在心，王佳楣、占治民、杨希、房启明、牛晓冬、曹燕子、张珩、曹瓅等众多兄弟姐妹们，祝愿各位一切顺利，不论到哪我们永远都是罗门一分子。在这里还要感谢中国人民银行宁夏平罗支行的姚宗华行长、海涛主任、马卫东科长以及各金融机构的工作人员们，正是有了你们的大力支持，才使我有了完成论文的源泉。还有许多没有点到的朋友，你们的关怀我都谨记心底，谢谢你们！

最后，要感谢我的父母，学海无涯，漂泊无岸，谢谢他们这么多年来对我的关怀。在我已到成家立业、理想与迷茫同在、拼搏与彷徨共存的年纪，他们仍然用年迈的身体支撑起整个家庭，让我能够毫无压力地去追寻自己的梦想，这一切一切我都会在今后用实际行动去报答。

黎毅

2016 年 6 月